すぐに役立つ

最新 入門図解 相続のしくみと手続き

認定司法書士 松岡 慶子 監修

三修社

本書に関するお問い合わせについて
　本書の記述の正誤、内容に関するお問い合わせは、お手数ですが、小社あてに郵便・ファックス・メールでお願いします。お電話でのお問い合わせはお受けしておりません。内容によっては、ご質問をお受けしてから回答をご送付するまでに１週間から２週間程度を要する場合があります。
　なお、本書でとりあげていない事項や個別の案件についてのご相談、監修者紹介の可否については回答をさせていただくことができません。あらかじめご了承ください。

はじめに

　本書は、相続に関する基本的なルールや各種登記申請手続き、家庭裁判所への申立手続きの仕方について、書式をまじえてわかりやすく解説した入門書です。

　ところで、相続において、近年の高齢化社会の進展による老老相続の増加という実情を考慮し、高齢となりがちな生存配偶者の生活に配慮する必要性が高まっています。

　そこで、2018年に成立した改正相続法（2019年1月13日施行）では、生存配偶者の生活基盤を確保するため、配偶者居住権の創設や、遺産分割における優遇規定などが設けられることになりました。

　また、生存配偶者の保護だけでなく、現行法上使い勝手の悪い自筆証書遺言制度の見直しや、預貯金の仮払い制度の創設、相続人以外の親族による介護などの貢献を認める特別寄与料の制度の創設など、現代社会の要請に応じた改正が行われています。

　当然、本書でも、改正法を踏まえた上で、相続手続きに必要とされる知識や基本となるルールを記述するだけでなく、登記手続きや家庭裁判所を利用した手続きの申請書や添付書類などのひな型を豊富に収録し、実用性に富んだ内容になっています。また、相続トラブルが発生した場合の対処方法や、相続税のしくみについても網羅的に解説しています。

　本書が、相続手続きに携わられる方々の手引書として広く活用していただければ幸いです。

　　　　　　　　　　　　監修者　認定司法書士　松岡　慶子

Contents

はじめに

第1章　相続の基本と相続分早わかり

1　相続とトラブルについて知っておこう　10
2　相続法改正で何が変わるのか　13
3　人の死亡と手続きについて知っておこう　20
4　相続と戸籍の取り寄せについて知っておこう　24
5　相続人について知っておこう　27
6　相続欠格や廃除について知っておこう　32
7　相続放棄について知っておこう　34
8　相続の承認について知っておこう　38
9　特別受益を受けると相続分はどう変わるのか　41
10　寄与分を受けると相続分はどう変わるのか　44
11　遺留分について知っておこう　47
12　遺留分が侵害された場合や遺留分の放棄について知っておこう　50

ケース別　相続分早わかり

Case 1　被相続人に先妻と後妻がいて、どちらにも子がいるケース　55
Case 2　妻と兄弟姉妹がいる上に、妻が妊娠中のケース　55
Case 3　妻と子が相続するケース　56
Case 4　親・妻・子が残されたというケース　56
Case 5　妻と親が相続するケース　57
Case 6　妻と兄弟姉妹が相続するケース　57
Case 7　子だけが相続するケース　58
Case 8　親だけが相続するケース　58

Case 9	兄弟姉妹だけが相続人になるケース	59
Case10	子と兄弟姉妹がいるケース	59
Case11	親と兄弟姉妹がいるケース	60
Case12	子と親がいるケース	60
Case13	孫が子を代襲相続するケース	61
Case14	妻と実子と養子がいるケース	61
Case15	内縁の妻と子がいるケース	62
Case16	妻と子と養子に出した子がいるケース	62
Case17	妻と娘と養子である娘むこがいるケース	63
Case18	子と妻の連れ子がいるケース	63
Case19	兄弟姉妹とおい・めいが相続するケース	64
Case20	遺留分を侵害する相続分の指定があるケース	64
Case21	遺留分を侵害する遺贈があるケース	65
Case22	相続人が1人もいないまま死亡したケース	65
Case23	子どもがいるができるだけ多く妻に相続させたいケース	66
Case24	家族経営の製造会社を後継者に譲るケース	66

第2章　遺言書の書き方と手続き

1	遺言書の役割について知っておこう	68
2	遺言の種類について知っておこう	72
	書式　遺言公正証書	77
3	遺贈と相続の違いについて知っておこう	79
4	遺言書を書くときの注意点について知っておこう	86
5	代筆や文字の判読、日付の記載、訂正をめぐる問題について知っておこう	93
6	法律上の形式に反する遺言の効力について知っておこう	100

7	遺言執行者について知っておこう	103
8	遺言書の検認と遺言書の保管制度について知っておこう	105

第3章　遺産分割のルールと分割協議

1	遺産の範囲について知っておこう	110
2	配偶者の居住権について知っておこう	112
3	預金口座をめぐる法律問題について知っておこう	118
4	遺産分割前に処分された財産の取扱いについて知っておこう	122
5	株式や生命保険金、退職金などの手続きについて知っておこう	124
6	遺産分割手続きの流れをつかもう	127
7	遺産分割の方法について知っておこう	130
8	遺産分割協議の流れについて知っておこう	135
9	未成年者や胎児がいる場合の遺産分割協議はどうする	139
10	配偶者に全遺産を相続させる場合はどうする	141
	書式　妻に全財産を遺したいときの遺言	142
11	会社や農業などの家業を相続した場合はどうする	143
	書式　農地を相続人の1人に単独相続させたいときの遺言	144

第4章　相続登記のしくみと手続き

1	相続登記について知っておこう	146
2	相続登記申請時にはどんな書類を提出するのか	148
3	相続登記の登記原因証明情報について知っておこう	150
4	相続に関する登記申請書類はどのように作成するのか	154

書式	相続した場合の登記申請書	156
書式	遺産分割協議書	157
書式	相続関係説明図	158
書式	特別受益証明書	158

5 申請書類の綴じ方や補正について知っておこう　159
6 遺贈の登記手続きについて知っておこう　161

書式	遺贈による所有権移転登記申請書（遺言執行者を選任する場合）	163
書式	遺言書（遺言執行者を選任する場合）	164
書式	遺贈による所有権移転登記申請書（遺言執行者の選任がない場合）	165
書式	遺言書（遺言執行者の選任がない場合）	166

7 死因贈与の登記手続きについて知っておこう　167

書式	死因贈与が行われた場合の登記申請書	168
書式	死因贈与契約書	169

8 法定相続情報証明制度について知っておこう　170

第5章　調停などの相続トラブル解決手段

1 遺産分割協議がまとまらない場合はどうしたらよいのか　174
　書式　遺産分割調停申立書　178
2 遺産分割以外の相続トラブルの解決策について知っておこう　180
3 家庭裁判所の手続きが必須の相続手続きもある　183
　書式　相続放棄申述書　184

Column 相続について相談できる専門家と相談機関　186

第6章　相続財産の評価と相続税の知識

1 なぜ相続財産を評価するのか　188

2	不動産はどのように評価するのか	191
3	小規模宅地等の特例について知っておこう	195
4	貸地などはどのように評価するのか	197
5	家屋や貸家はどのように評価するのか	200
6	その他私道やマンションの敷地の評価方法について知っておこう	202
7	動産はどのように評価するのか	204
8	株式や公社債はどのように評価するのか	206
9	金銭債権の取扱いとその他の財産の評価方法について知っておこう	209
10	系譜・墳墓・祭具・遺骸・遺骨や形見の取扱いについて知っておこう	212
11	相続税・贈与税のしくみについて知っておこう	214
12	相続時精算課税制度とはどんな制度なのか	217
13	相続税額の計算を見てみよう	221
14	生命保険金は相続税の対象になるのか	223
15	弔慰金・死亡退職金は相続税の対象になるのか	225
16	課税価格の計算方法について知っておこう	227
17	相続税の税額控除にはどんなものがあるのか	230
18	相続税対策について知っておこう	233
19	相続税・贈与税の申告方法について知っておこう	237

第1章

相続の基本と相続分早わかり

相続とトラブルについて知っておこう

トラブルが起こりやすいケースを知り、生前から対策を立てておく

● 相続とは何か

相続とは、被相続人の死亡によって、その遺産が相続人に移転することです。簡単にいえば「死亡した人の遺産を相続人がもらうこと」です。

被相続人とは、相続される人（死亡した人）のことで、**相続人**とは、遺産を受ける人のことです。もっとも、この場合の「遺産」とは、土地や株式など金銭的評価ができるものばかりではありません。被相続人に借金などが残されているときは、これも遺産に含まれるため、相続人に受け継がれることになります。遺産をもらえるといっても、必ずしも相続人に利益があるとは限らないわけです。

相続については「相続人が誰か」をすぐに確定することができない場合があります。相続では、配偶者と子が相続人である場合が最も多く、このときは一見単純なようにも思えますが、相続放棄がからむと権利関係が複雑になることがあります。また、被相続人に子がなく直系尊属（父母・祖父母など）が全員他界している場合には、配偶者と兄弟姉妹が相続人となりますが、兄弟姉妹が被相続人よりも先に死亡していると、おい・めい（兄弟姉妹の子）が代わりに相続人となることから（代襲相続）、相続人を確定するのに時間、労力と費用を要する場合があります。

また、相続分は民法という法律で決まっていますが（法定相続分）、遺言で変えることができます。その場合は、特別受益や遺留分の関係で相続分について争いが生じることがあります。さらに、相続人には寄与分の制度がある他、2018年に成立した相続法改正では、特別の寄与をした相続人以外の親族による特別寄与料の請求を認めた（45ペー

ジ）ことから、これらも考慮して相続分を確定することが必要です。

そして、被相続人の遺産（相続財産）は、相続分に応じて分割できる場合を除いて、相続人全員による共有となります。その後は、遺産分割と税金（相続税など）が問題になります。相続人や相続分、遺産分割の方法などについて親族間で紛争が話し合いで解決できなければ、家庭裁判所の調停など、裁判所での手続きになります。

● 手続きをしなくても相続は発生する

相続は、被相続人が死亡したのと同時に始まります。相続人が被相続人の死亡を知っている必要もありません。たとえば相続人である子どもが遠方にいて、親の死を知らなかったとしても、相続財産は死亡と同時に相続人に移転しているのです。

被相続人が死亡したが、遺産分割や相続登記など名義変更の手続きがまだすんでいない、ということはあり得ます。ただ、この場合にも相続自体は始まっているのです。民法は相続の手続きについて、①誰が（相続人、受遺者）、②何を（相続財産）、③どの程度の割合で引き継ぎ（相続分、遺留分）、④誰に分けるのか（遺産分割協議、成立した遺産分割の実行）を定めています。

■ 相続をめぐるトラブル

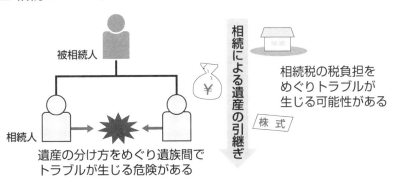

● 遺産が少ない場合

　相続に関するトラブルは、大きく分けて2つあります。1つは、相続税の税負担が重いことに起因するトラブルです。もう1つは、遺産の分け方（遺産分割）をめぐって遺族間で発生するトラブルです。

　相続税は、相続によって財産を引き継いだ人が支払う税金です。その税負担は重く、最高税率は55％です。税負担の重さは、相続財産の大半が不動産で、かつ預貯金がないというケースでとくに問題になります。相続税の支払いに充てる現金が不足するからです。

　しかし、日本では、相続税をめぐるトラブルはさほど多くありません。遺産額が「3000万円＋（600万円×法定相続人の数の額）」以下であれば、相続税を支払う必要はないからです。たとえば法定相続人が配偶者と子ども1人の場合は、遺産が4200万円以下であれば、相続税を支払う必要はないというわけです。

　一方、遺産の分け方をめぐる遺族間のトラブルは、遺産が少ない場合でも起こり得ます。ただし、遺産額が300万円以下の場合にはトラブルがほぼ起きません。葬儀費やお墓の購入費に約300万円かかり、これらの支出により遺産を使い切ってしまうからです。そこで、遺産の分け方をめぐるトラブルを防止するため、民法によって遺産を配分する割合が決められています。これを**法定相続分**といいます。たとえば、子どもが2人であれば、それぞれ2分の1ずつ均等に遺産を分けるための話し合いを行います（遺産分割協議）。しかし、「子どもの1人がずっと親の介護をした」「住宅を購入する際に親から援助を受けた相続人がいる」などの事情があると、前者は特別受益、後者は寄与分の問題となって、法定相続分による遺産の分配は難しくなります。自分の相続分を少しでも増やそうと主張する遺族が出てきて、話し合いがまとまらなくなるからです。最近では、遺族間の話し合いで遺産を分けることができず、家庭裁判所の調停などを利用するケースが増加しています。

相続法改正で何が変わるのか

相続における生存配偶者の保護が重視されている

● 相続法改正の全体像

　2013年9月の最高裁大法廷決定は、民法の相続編に関する重要な変化のきっかけを与えることになりました。この事件において最高裁は、非嫡出子の相続分に関する従来の民法の規定が、憲法に違反するとの結論を示しました。この決定を受けて民法の条文が改正され、現在、嫡出子と非嫡出子の相続分における違いは存在しません。

　また、長らく「配偶者を保護するための措置も併せて講ずべきではないか」といった問題提起もなされていました。とくに近年では高齢者社会の進展により老老相続が増加し、高齢となりがちな生存配偶者の生活に配慮する必要性が高まっています。

　2018年7月6日に、国会において相続法に関する改正法が成立しました。今回の相続法改正においては、①生存配偶者の保護を図るための配偶者居住権の創設や持戻し免除の意思表示の推定規定の新設の他、②預貯金の仮払い制度の創設など遺産分割制度の見直し、③自筆証書遺言の方式緩和や保管制度の創設など遺言制度に関する見直し、④遺留分減殺請求の効力や遺留分の算定方法の見直し、⑤相続における権利義務の承継の見直し、⑥相続人以外の者の貢献を考慮する方策、という主に6項目において重要な改正が盛り込まれています。自筆証書遺言の方式緩和については、**2019年1月13日に施行**されますが、その他の改正についても、遅くとも2020年7月までには施行されます。

● 配偶者の保護に関する改正について

　相続法改正では、配偶者を保護する制度として、①生存配偶者の居

住権が創設された他、②婚姻期間が20年以上の夫婦間での贈与・遺贈について持戻し免除の意思表示を推定する規定が新設されました。

① **生存配偶者の居住権**

自宅以外に目立った相続財産がない場合、遺産分割に際し、生存配偶者が自宅を引き払い新たな住居を探さなければならない、という精神的・肉体的に過度な負担を強いられるおそれがあります。

そこで、生存配偶者の居住権を短期的な居住権（配偶者短期居住権）と長期的な居住権（配偶者居住権）に分けて、生存配偶者の居住権を認める制度が創設されました。

・**配偶者短期居住権**

配偶者短期居住権とは、相続開始時に、被相続人所有の居住建物に無償で居住していた生存配偶者が、一定期間に限り、その建物に無償で住み続けることができる権利のことです。かつては、相続開始時点で、生存配偶者が被相続人の所有する建物に居住していた場合には、被相続人と生存配偶者との間で、使用貸借契約が存在したものと推認（推測して認定すること）して、生存配偶者の居住を保護しようと試みてきました。しかし、この方法では、被相続人が、生存配偶者が建物を使用することに反対の意思表示を示していた場合に、生存配偶者の生活の基盤である居住を保護することが困難でした。

そこで、配偶者短期居住権では、遺言や死因贈与がない場合は、ⓐ遺産分割により誰が居住建物を取得するかが確定した日、またはⓑ相続開始時から6か月が経過する日、のうちどちらか遅い日までの期間、引き続き生存配偶者が居住建物を無償で使用することを保障します。

これに対して、遺言や死因贈与で生存配偶者以外の者が居住建物を取得した場合は、その建物取得者が配偶者短期居住権の消滅を申し入れた日から6か月が経過する日までの期間、配偶者短期居住権が保障されますので、その間は無償で居住建物に住み続けることができます。

・配偶者居住権

配偶者居住権とは、相続開始時に被相続人の所有する建物に居住していた生存配偶者が、自らが死亡するまでの間、その居住建物に無償で住み続けることができる権利のことをいいます。

生存配偶者が居住建物に住み続けることを望む場合、遺産分割などで所有権を取得するのが一般的です。ただ、財産的価値の高い居住建物を取得すると、現金や預貯金の取り分が少なくなって、生活が苦しくなるという問題があります。居住権であれば所有権よりも評価額が下がるので、現金や預貯金の取り分が増えます。つまり、生存配偶者が生涯にわたり安心して居住建物に住み続けるために創設されたのが配偶者居住権です。ただし、配偶者居住権を取得するのは、ⓐ遺産分割で配偶者居住権を取得したとき、ⓑ配偶者居住権が遺贈の目的とされたとき、ⓒ被相続人と生存配偶者との間に配偶者居住権を取得させ

■ **生存配偶者の居住権の保障**

【生存配偶者の居住権の保障】
- ★ 配偶者短期居住権：遺産分割により居住建物の帰属が確定する日または相続開始時から6か月を経過する日のいずれか遅い日まで、引き続き居住建物を無償で使用することが保障される（遺言などがない場合）
- ★ 配偶者居住権　　：遺産分割成立後を想定して、相続開始の時に居住していた被相続人所有の建物に、原則として終身（遺言や遺産分割でそれより短い期間を定めることはできる）居住建物の使用を認める権利が保障される

る内容の死因贈与契約があるときに限られることに注意を要します。
② 遺産分割における配偶者の保護
　被相続人から配偶者への遺贈や贈与は「特別受益」として、その受益額を、相続開始時点で被相続人が実際に持っていた相続財産に加えるという処理（これを**持戻し**といいます）を行い、各相続人の具体的な相続分が算出されます。これは相続人間の公平を図る趣旨ですが、被相続人からの遺贈や贈与によって居住不動産を取得した生存配偶者が、生活資金となる現金や預貯金を相続できなくなり、生活が苦しくなることが少なくありません。
　そこで、相続法改正では、婚姻期間が20年以上の夫婦の間でなされた遺贈または贈与のうち居住不動産（居住建物と敷地）については「持戻し免除の意思表示」があったものと推定することで、生存配偶者の生活の安全を保障しようとしています。つまり、本来であれば生存配偶者に遺贈などがなされた居住不動産についても、その他の相続財産に追加して（持戻しによって）、相続の対象になるのが原則です。
　しかし、生存配偶者は、被相続人の生前において、長年にわたって様々な点で被相続人に貢献してきたと考えられ、また、生存配偶者の老後の生活保障の一端として、居住用不動産については、生存配偶者が被相続人の死亡後も安心して使用し続けることができる環境を整えることが望ましいことから、相続財産の対象から居住用不動産を外すという取扱い（持戻しが行われないということ）が認められるということです。
　これによって、本来であれば、実際の相続分の計算において、持戻しが行われた場合には、その居住用不動産の価額が、生存配偶者の相続分から控除され、その他に相続できる財産の価額が少額になってしまう恐れがありますが、居住用不動産が相続財産から外されることで、生存配偶者は、居住用不動産に関係なく、その他の相続財産を相続することが可能になります。

● その他の改正について

　今回の相続法改正は、生存配偶者の保護措置が中心になっていますが、それ以外にも、以下の主要な改正点を押さえておく必要があります。

① **遺産分割制度の見直し**

　相続法改正では、相続人の利便性を図るため、預貯金の仮払い制度の創設と、遺産の一部分割に関する明文規定を置いた上で、遺産分割協議が調わない場合は家庭裁判所に一部分割を請求できるとする規定を設けるなど、遺産分割制度も大きく見直されています。

　とくに、預貯金債権については、当然に遺産分割協議の対象に含まれるという最高裁判決の登場も影響して、銀行などの金融機関は、遺産分割協議終了まで、預貯金債権の払い戻しに応じないという、運用が行われてきました。しかし、遺産分割協議終了前であっても、相続人が、たとえば被相続人の葬祭費用などとして、預貯金債権の払い戻しを必要とする場面が少なくありませんが、従来は、遺産分割協議が終了するまでは、払い戻しを受けることができませんでした。そこで、相続人の相続分の3分の1までという制限はありますが、遺産分割協議終了前であっても、被相続人の預貯金債権の払い戻しを受けることが可能になった意義は、大きいといえます。

② **遺言制度に関する見直し**

　改正前は、自筆証書遺言を行おうとする場合、すべての事項を自筆で書かなければならない他、相続開始後に家庭裁判所の検認を受ける必要があるなど様式が厳格であるため、利用しにくいという問題点がありました。相続法改正では、自筆証書遺言の一部について自筆以外の記載を認めるなど様式を緩和するとともに、自筆証書遺言の保管制度を創設して、利用しやすくするしくみが整えられました。

　なお、自筆証書遺言の保管を担うのは法務局です。法務局は、自筆証書遺言の原本を保管するとともに、画像データとしても保管を行い、相続開始後に、相続人から自筆証書遺言書の閲覧や交付の請求が行わ

れた場合には、自筆証書遺言の写しが交付されることになります。そして、特定の相続人から、自筆証書遺言の写しの交付請求が行われた時点で、法務局からその他の相続人に対して、自筆証書遺言が保管されていたことが通知されるしくみになっています。このように、自筆証書遺言の保管制度が整えられることによって、自筆遺言証書の紛失や、特定の相続人による隠匿などを防止できるとともに、遺言書の存在を把握することも容易になるため、その後の相続手続を円滑に進めることができます。

③ 遺留分制度に関する見直し

遺贈や贈与（生前贈与）により遺留分を侵害された相続人は、自らの遺留分の保護を求めることができます。改正前は、遺留分を守るための手段である遺留分減殺請求権を行使すると、遺贈や贈与が遺留分を侵害する限度で失効し、遺留分減殺請求を行った人と、被相続人の財産の遺贈や贈与を受けた人との間で、その財産を共有することになりました。そのため、土地や建物といった分割しにくい財産に共有関係が生じれば、その分割を求めて訴訟が提起されることも少なくありませんでした。

相続法改正では、遺留分権利者は、受遺者や受贈者に対し、財産自体の返還（現物返還）は請求できず、遺留分侵害額に相当する金銭の支払いを請求できることにしました。この変更に伴い、遺留分を守るための手段が「遺留分減殺請求権」から「遺留分侵害額請求権」に名称が変更されました。この他、相続人に対する贈与の取扱いを変更するなど、遺留分の算定方法の見直しも行われています。

④ 相続の効力等に関する見直し

改正前は、相続人がその法定相続分を超えて財産（不動産、動産、債権など）を取得した場合、その取得を第三者に主張するために対抗要件（たとえば不動産であれば登記）を要するかどうかが必ずしも明らかではなく、判例の解釈に基づき、取得方法によって取扱いが異

なっていました。相続法改正では、取得方法の如何を問わず、法定相続分を超える財産の取得については、対抗要件を取得しなければ第三者に対抗できないことが明文で規定されました。また、相続による義務の承継については、遺言により相続分の指定がされた場合であっても、相続債権者は、法定相続分に従って、各相続人に返済を請求できることが明文で規定されました。

⑤ **相続人以外の親族（特別寄与者）の貢献を考慮する方策**

従来から、相続財産の維持や増加に貢献を果たした（寄与といいます）相続人は、自身の相続分に、寄与分を加えて相続することが可能でした。しかし、寄与分は相続人のみに認められるため、たとえば、相続人の妻（親族）が、被相続人の療養看護に努めた場合であっても、寄与分として考慮されません。とくに、被相続人死亡時点で相続人がすでに亡くなっている場合には、その配偶者は、被相続人死亡によって、いかなる財産を相続することもできませんので、被相続人の療養看護に勤めていた場合には、ますます不公平感は大きくなっていました。そこで相続法改正では、相続人以外の親族が無償で療養看護や労務の提供により被相続人の財産の維持または増加に貢献したときは、相続人に対し特別寄与料を請求できるとする規定が設けられました。

■ **相続人以外の親族（特別寄与者）の貢献を考慮する方策**

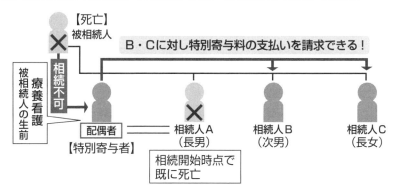

③ 人の死亡と手続きについて知っておこう

死亡届を提出しなければ火葬許可書が発行されない

● 死亡届の提出と葬儀

　被相続人が亡くなった場合は、死亡届を死亡診断書や死体検案書と一緒に提出し、亡くなった被相続人を送り出す葬儀を行います。

　自宅で亡くなったときは、119番通報をして病院へ運んでもらった後、医師に死亡を確認してもらいます。この場合、死亡診断書は、死亡を確認した医師が作成します。かかりつけの医師がいる場合は、できるだけ早く連絡して、死亡を確認してもらった後に、死亡診断書を書いてもらいます。

　病院で亡くなったときは、担当医に**死亡診断書**を書いてもらいます。死亡診断書は、死亡届と一緒になっています。以上に対し、事故死や変死などで亡くなった場合で、警察の実況見分などが行われた後、死体検案書を書いてもらったときは、死亡届を提出する際に死体検案書を添えなければなりません。死体検案書は、警察で遺体を検死（医学的な死亡確認）した後、検死官に書いてもらう書類です。

　死亡届は、死亡当日か翌日に、死亡した場所の市区町村役場か、死亡した人の本籍地または住所地にある市区町村役場の戸籍課に提出するのが原則です。提出の期限は、死亡を知った日から7日以内と定められています（ただし、国外にいる場合は3か月以内）。死亡届を提出しないと「死体埋火葬許可書」が発行されませんので、葬儀が終わる前に提出を終えていることが多いといえます。

　死亡届の届出義務者は、①同居の親族、②親族以外の同居者、③家主、地主、土地・家屋の管理人、の順序で決められています。また、④同居していない親族も提出することができます。

遺体の火葬・埋葬は、死亡届の提出と同時に、「死体埋火葬許可申請書」を提出して、市区町村長の許可を得ます。申請用紙は、役所や葬儀社にあります。なお、葬儀の執行を葬儀社に依頼している場合は、その葬儀社が死亡届の提出から火葬場の予約までを代行することが多いようです。

　「死体埋火葬許可書」は、火葬される日に、火葬場の管理事務所に提出すると、裏書きして返してもらえます（遺骨を納めた遺骨箱と一緒に喪主に渡されることが多いようです）。この返却された「死体埋火葬許可書」は、納骨の際に墓地の管理者に提出する必要があるので、それまで保管しておきます。

● 預金口座は分割されるのか

　かつての判例は、個人名義の預貯金口座は、他の金銭債権と同じく相続開始により当然に分割され、相続人は相続分に応じて引き出しを要求できるとされていました。つまり、預貯金は遺産分割の対象外としていたのです。しかし、銀行実務では、遺産分割協議が確定するま

■ 保険・税金関係の事後処理と必要書類

手続き	必要な書類
生命保険金の支払請求	死亡保険金支払請求書(実印で押印)、保険証券、死亡診断書、死亡した人の戸籍(除籍)謄本、受取人の戸籍謄本、受取人の印鑑証明書、契約印
葬祭費の申請	国民健康保険葬祭費支給申請書、国民健康保険証、死亡診断書、葬祭費用の領収書、印鑑
埋葬料の申請	健康保険埋葬料請求書、健康保険証、死亡を証明する事業所の書類(事業主の場合は死亡診断書)、葬儀費用の領収書、住民票、印鑑
準確定申告	生命保険金や損害保険金の領収書、源泉徴収票、申告者(納税代理人)の身分証明書(運転免許証やパスポートなど)、印鑑

で預貯金の引き出しに応じない運用をすることが多く、これを追認するような形で、2016年12月の最高裁大法廷決定でも、預貯金については「相続開始と同時に当然に相続分に応じて分割されることはなく、遺産分割の対象となる」という判断が示され、預貯金が遺産分割の対象外とする従来の判例が変更されました。

　もっとも、銀行が預貯金の引き出しに応じない運用を以前からしてきたのは、「遺言があるかもしれない」「遺産分割協議で異なる約束がされる可能性がある」など、後から紛争に巻き込まれるリスクがあるためです。また、銀行にとっては、相続という突然の出来事によって、債権者が複数名になってしまい、様々な手続を行う上で、債権者全員を考慮して行わなければならず、権利関係が不明確になってしまうという問題点がありました。さらに、前述の最高裁大法廷決定により、この運用が法的に根拠づけられたため、現在では、銀行から預貯金を引き出すには、相続人全員の同意を取ることが必要になります。口座名義人が亡くなったことを隠して預貯金口座の引き出しを行うことは、法律違反になりかねませんので注意する必要があります。

　一方、遺産分割協議が確定するまで預貯金の引出しが一切できないとすると、相続人の生活が苦しくなることになりかねません。相続法改正では、遺産分割前であっても、葬儀費用や当面の生活費を引きだせるしくみとして**預貯金の仮払い制度**が新設されています。仮払い制度を利用して引き出せる預貯金の額は、相続人1人につき「預貯金の額（残高）×1/3×当該相続人の法定相続分」が上限となり、直接、銀行の窓口で払い戻しを受けることができます。この制度によって、家事事件手続法が規定する「仮分割の仮処分」よりも緩やかな要件で仮払いが受けられるようになります。

　なお、現行法下でも、葬儀費用に充てる必要がある場合は、遺産分割前であっても一部の相続人からの請求により一定額の払い戻しに応じてくれる金融機関もありますので、一度相談してみるとよいでしょう。

● 公共料金の名義変更について

　遺産分割前に変更できる公共料金の名義などは、すぐに変更手続きをします。公共料金の支払いが故人名義の口座からの自動引き落としになっている場合は、引き落とし指定口座を変更する必要があります。指定口座の変更は金融機関の窓口で行います。

● 運転免許証や国民健康保険の変更

　返却や解約が必要なものとしては、「運転免許証」（警察署に返却）、「国民健康保険証」（役所の窓口に届出）、扶養家族が死亡した場合の「扶養控除異動」の届出、「クレジットカード」（カード会社に連絡）、などがあります。故人が会社員であった場合は、「死亡退職届の提出」「社員証・健康保険証の返却」「最終給与、退職金、社内預金の受け取り」などがあります。

● 死亡保険金は課税対象になる

　保険金の請求は、被保険者が死亡した日から3年以内に行わないと請求権がなくなります。また、被保険者が、保険契約をしてから1～2年以内に自殺した場合や契約時に健康状態を正しく告知していなかった場合（告知義務違反）は、保険金が支払われないことがあります。保険金の請求手続きは、保険会社に連絡して、「保険証券番号」「被保険者の氏名」「死亡した日時」「死因」などを伝えます。

　また、死亡保険金は、相続税、贈与税、所得税などの課税対象になります。どの税が課税されるのかは、契約者、被保険者、受取人が誰であるかにより異なります。たとえば、契約者と被保険者が同じ人物で、死亡保険金の受取人が相続人の場合には、相続税が課税されますが、「500万円×法定相続人の数」までは非課税となります。

相続と戸籍の取り寄せについて知っておこう

相続人全員を確認する必要がある

● 戸籍とは

　戸籍とは、簡単にいえば、「日本国民であるその人の存在を証明するための制度」です。戸籍には、本籍（戸籍の所在場所）の他、その戸籍に記載されている各人について、氏名、出生年月日、戸籍に入った原因および年月日、実父母の氏名および実父母との続柄などの情報が記載されています。戸籍に関する届出は、本人の本籍地または届出人の所在地の市区町村役所で行うことが必要で、戸籍をつづった帳簿（戸籍簿）は本籍地の市区町村役場に置かれています。本籍地とは、戸籍を管理する場所を定めるためのもので、原則として、日本国内であればどこを本籍地として選んでもよいことになっています。

　戸籍に記載された情報を利用したいときには、本籍地の市区町村役場に申請すれば、戸籍謄本や戸籍抄本などの交付を受けることができます。なお、戸籍をコンピュータ化した市区町村では、謄本は**全部事項証明書**、抄本は**個人事項証明書**に名称が変わっています。

● 数十年前の戸籍の取得

　戸籍には、どの戸籍から移動してきたかも書かれていますので、その内容に沿って戸籍謄本などを取得することで、特定の個人の戸籍を遡っていくことができます。

　ただし、戸籍に記載されていた人が亡くなると、その人は除籍されますが、その戸籍に生存者が残っていれば、亡くなった人の情報は戸籍簿に残されています。しかし、全員がいなくなってしまうと戸籍そのものがとじられ（戸籍簿から除外され）、除籍簿に移されることに

なります。除籍簿の内容も、戸籍簿と同様、謄本（全部事項証明書）や抄本（個人事項証明書）という形で発行してもらうことができますが、除籍簿の保存期間は150年間と定められています。この期間が過ぎると、除籍謄本などを取ることはできません。

　この他、法改正によって戸籍の様式が変わった場合、元の戸籍（改製原戸籍）の保存期間が150年であるため、その前の戸籍は処分することが認められています。したがって、現在交付を受けられるのは、昭和32年と平成6年の法改正による改製原戸籍の2種類だけという市区町村もあります。また、平成6年分については、紙による保管から磁気ディスクによる保管という法改正であり、改製の進捗状況は市区町村によって異なります。請求の際には役所に確認してみましょう。

● **戸籍謄本の取り寄せ**

　市区町村役場に対し戸籍謄本の交付を請求する際には、所定の交付請求用紙の他、交付請求者の本人確認書類（免許証、パスポートなど）、手数料などが必要です。戸籍の情報が記載された書類には、謄本（全部事項証明書）と抄本（個人事項証明書）があります。謄本には戸籍に記載された全員に関する情報が記載されています。一方、抄本には特定の人に関する情報しか記載されません。

① **被相続人の死亡時の本籍地の市区町村役場で交付を受ける**

　被相続人の出生から死亡までの間に、被相続人に生じたすべての事柄が記載された戸籍謄本の交付を受けたい旨を申し出ます。戸籍謄本だけで出生までの身分関係にまで遡れない場合は、改製原戸籍謄本や除籍謄本の取り寄せも必要です。

② **相続人の戸籍謄本を交付してもらう**

　戸籍謄本の記載によって判明した相続人のそれぞれの戸籍謄本を、本籍地の市区町村役場で交付してもらいます。

● 本人以外が戸籍謄本を取り寄せる場合

　本人以外で戸籍謄本の交付を請求することができるのは、原則として、戸籍に記載されている人の配偶者、直系尊属（父母や祖父母など）、直系卑属（子や孫など）に限られます。これら以外の人が戸籍謄本の交付を請求する場合には、「自己の権利を守るため」など、交付を受けるに値する正当な理由を示さなければなりません。なお、弁護士、司法書士、税理士、社会保険労務士、行政書士などの専門職は、業務を遂行する上で必要な場合に限り、戸籍謄本の交付を請求することができます。

● 窓口に行かなくても戸籍謄本は取得できる

　遠方に転居したが本籍地を前の居住地に残したままにしている、病気療養中である、などの理由で本籍地の役所に出向くことが難しい場合もあります。このような場合に備え、郵送による交付請求という方法が用意されています。まずは本籍地の役所に連絡し、郵送による交付請求のために必要な書類などを確認しましょう。申請書については、多くの役所で所定の用紙を用意していますが、必要事項が書かれていれば一般の便せんなどに書いたものでもよい、とする役所がほとんどのようです。この他、一般に必要なものとしては、手数料分の定額小為替証書、返送用切手、宛名を書いた返送用封筒、本人確認書類のコピーなどがあります。

● 手数料はどのくらいかかるのか

　戸籍に関する書類は、戸籍謄本（戸籍全部事項証明書）と戸籍抄本（個人事項証明書）が1通450円、除籍謄本（除籍全部事項証明書）と除籍抄本（除籍個人事項証明書）が1通750円です。一方、戸籍の附票などは、各市区町村によって手数料が異なります。

相続人について知っておこう

相続人の範囲は法定されており、配偶者は常に相続人となる

◉ 相続人の範囲

　相続人の範囲は民法で法定されています。つまり、法定された範囲内の人だけが相続人となり、それ以外の人は相続人になることができません。最優先順位で相続人になるべき人を**推定相続人**といいます。

　ただし、法定相続分（12ページ）に従い相続させるのは不合理だと被相続人が考え、誰に何を相続させるかを遺言した場合、法律上は、被相続人の遺言に従い処理するという原則がありますので、遺言書による指定に基づいて遺産を承継します。また、相続放棄または相続欠格や相続廃除による相続権の喪失や、代襲相続の問題などがあるため、推定相続人が必ず相続人になるとは限りません。

◉ 血族の相続順位

　血族とは、血縁関係のある親族のことで、直系血族（親や子など直線的につながる血族）と傍系血族（兄弟姉妹など共通の始祖から枝分かれした血族）に分けられます。直系血族はさらに、直系尊属（上方向の直系血族）と直系卑属（下方向の直系血族）に分けられます。

　血族の相続順位の第1順位は子です。養子や胎児も含まれます。婚姻関係にない男女間に生まれた非嫡出子は、認知を受けた場合に父親の地位を相続します（母親について認知は不要です）。また、胎児は被相続人が死亡した時点でまだ生まれていませんが、相続については生まれたものとみなされます。なお、子の代襲相続人（29ページ）が1人でもいる場合は、その人が第1順位の相続人となり、直系尊属や兄弟姉妹は相続人になりません。

第2順位は直系尊属です。第1順位が誰もいない場合に、直系尊属が相続人となります。直系尊属の中では被相続人から見て親等の最も近い者が相続します。たとえば、被相続人の親が1人でも生きていれば、その親が相続人となり、祖父母は相続人になりません。

　第3順位は兄弟姉妹です。第1順位と第2順位が誰もいない場合に、兄弟姉妹が相続人になります。兄弟姉妹の間に優先順位はありません。なお、兄弟姉妹の子は代襲相続人になりますが、代襲相続はその子までで再代襲（孫以降への代襲相続）は生じません（次ページ）。

■ **相続人の範囲**

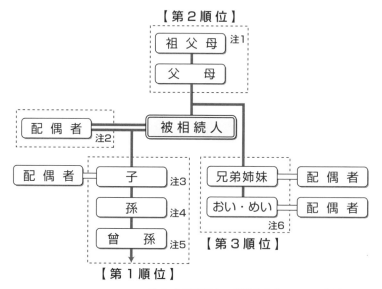

注1　父母が死亡・相続権を失ったとき相続人となる
注2　他の相続人と同順位で常に相続人となる
注3　胎児も含まれる
注4　子が死亡・相続権を失ったとき相続人となる
注5　孫が死亡・相続権を失ったとき相続人となる
　　（曾孫以降も再代襲が生じる）
注6　兄弟姉妹が死亡・相続権を失ったとき相続人となる
　　（おい・めいの子以降の再代襲は生じない）

● 配偶者の相続権

被相続人の配偶者は、前述した血族とともに、常に相続人となります。相続権がある配偶者は、婚姻届が出されている正式な配偶者に限定されます。内縁の配偶者は、たとえ長年一緒に生活し、夫婦同然だとしても、相続人となることができません。

● 代襲相続とは

代襲相続とは、本来相続人になるはずだった血族が、死亡・相続欠格・相続廃除によって相続権を失った場合、その子や孫などが代わりに相続人となることです。本来相続するはずだった血族を被代襲者、代襲相続によって相続する人を代襲相続人と呼びます。

具体的に、被代襲者は被相続人の子か兄弟姉妹で、代襲相続人は被相続人の直系卑属かおい・めいです。したがって、被相続人の配偶者や直系尊属が相続権を失っても代襲相続は生じず、被相続人の養子の連れ子は被相続人の直系卑属でないため代襲相続人になりません。

また、第1順位の代襲相続は「孫→曾孫…」と無限に続きますが、第3順位の代襲相続は兄弟姉妹の子(被相続人のおい・めい)に限られます。兄弟姉妹について再代襲を認めると、被相続人から見るとほ

■ 代襲のしくみ

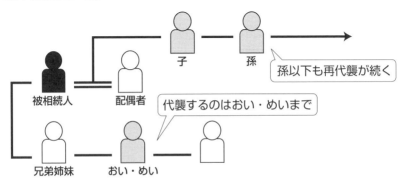

ぼ顔も知らない人にまで財産が与えられてしまうからです。
　代襲相続が行われる原因（代襲原因）は、死亡、相続廃除、相続欠格によって、相続人となるはずだった被相続人の子か兄弟姉妹が相続権を失うことです。一方、相続放棄の場合は、初めから相続人でなかったことになるので、代襲相続は生じません。

● 指定相続分と法定相続分

　相続人が2人以上いる場合、相続人が受け継ぐ相続財産（遺産）の割合を相続分といいます。相続分については、原則として、被相続人の遺言で定められた割合（指定相続分）が優先し、遺言がなければ法律で定められた割合（法定相続分）に従います。

① 指定相続分

　被相続人が、相続人ごとの相続分を自由に決めて（遺留分を侵害しないことは必要です）、遺言で指定した相続の割合のことです。具体的な割合を示さずに、特定の人を遺言で指名して、その人に相続分の決定を一任することもできます。

② 法定相続分

　民法が定めている相続人の取り分のことです。実際に誰が相続人になるかによって、以下のように法定相続分が変化します。

・**配偶者と直系卑属（第1順位）が相続人となる場合**
　配偶者の相続分が2分の1、直系卑属の相続分は2分の1
・**配偶者と直系尊属（第2順位）が相続人となる場合**
　配偶者の相続分が3分の2、直系尊属の相続分は3分の1
・**配偶者と兄弟姉妹（第3順位）が相続人となる場合**
　配偶者の相続分が4分の3、兄弟姉妹の相続分は4分の1

● 全血兄弟と半血兄弟

従来は、嫡出子と非嫡出子との間に区別があり、非嫡出子は嫡出子の2分の1の相続分しかありませんでした。しかし、2013年の民法改正により区別は撤廃され、相続分は同等となりました。

例外として残っているのは、「全血兄弟」と「半血兄弟」の区別です。全血兄弟とは、被相続人と父母の双方を同じくする兄弟をいうのに対し、半血兄弟とは、父母の一方だけが同じ兄弟をいいます。

下図のケースは、被相続人に子がなく、直系尊属もすでに死亡していますから、配偶者と兄弟姉妹が相続人になります。被相続人から見て、Aは父も母も同じなので、Aは全血兄弟に該当します。しかし、BとCは父の後妻の子ですから、父は同じですが、母は異なるので、BとCは半血兄弟に該当します。この場合の相続分は、全血兄弟が2であるのに対し、半血兄弟はその半分の1という割合になります。

ただし、これは子が推定相続人になる場合ではなく、兄弟姉妹が推定相続人になる場合のみの話ですので注意が必要です。

■ 全血兄弟と半血兄弟

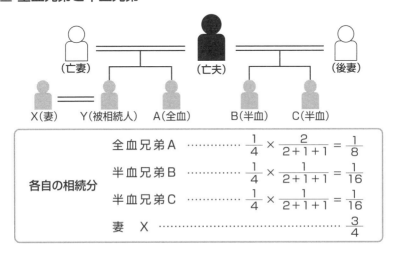

相続欠格や廃除について知っておこう

遺贈を受けることもできなくなる

● 相続欠格とは

　本来は相続人になるはずの人（推定相続人）でも、一定の事情があると、相続人になることができません。このことを**相続欠格**といいます。相続欠格に該当した人（相続欠格者）は、特別な手続きがなくても相続権をすべて失います。相続欠格は、遺言よりも強い効力があるので、相続欠格者は遺贈を受ける資格も失います。これにより、他の人が代わって相続権を得ることになります。なお、親が相続欠格となって相続人の資格を失っても、その子は代襲相続人として相続権を得る場合があります（30ページ）。

　相続欠格となる事情は、以下のように定められています。
① 故意に、被相続人または先順位もしくは同順位にある相続人を死亡させたり、死亡させようとした（未遂）ために、刑（執行猶予付きも含む）に処せられた者
② 詐欺・強迫によって、被相続人が相続に関する遺言をすることを妨げたり、遺言の取消・変更をすることを妨げた者
③ 詐欺・強迫によって、被相続人に相続に関する遺言をさせたり、遺言の取消・変更をさせた者
④ （不当な利益を得る目的で）遺言書を偽造・変造・破棄・隠匿した者
⑤ 被相続人が殺されたことを知って、これを告発・告訴しなかった者

● 相続廃除とは

　相続欠格ほどの理由がなくても、被相続人の意思によって相続権を奪う相続廃除という制度があります。相続廃除の対象になるのは、遺

留分をもっている相続人（配偶者、子およびその代襲相続人、直系尊属）だけです。遺留分をもたない兄弟姉妹は相続廃除の対象になりませんので、兄弟姉妹に相続させたくない場合は、その旨の遺言をすべきことになります。

相続廃除ができるのは、下図の3つの理由によって、被相続人と相続人の信頼関係が破たんし、相続させる理由がなくなった場合です。相続廃除を行うには家庭裁判所の審判が必要であり、相続廃除が認められると相続権は失いますが、遺贈を受ける資格は失いません。また、代襲相続については相続欠格と同じ取扱いがなされます。

廃除の方法と取消

家庭裁判所に対し相続廃除の審判を申し立てるには、①被相続人が生前に請求する方法、②遺言書に相続人の廃除の意思を示す方法の2つがあります。また、被相続人の気持ちが変わり、廃除を取り消したい場合には、生前に家庭裁判所に申し立てるか、または遺言で廃除の取消の意思を示すこともできます。家庭裁判所により廃除が取り消されると、対象者の相続権は回復します。

■ 相続廃除とは

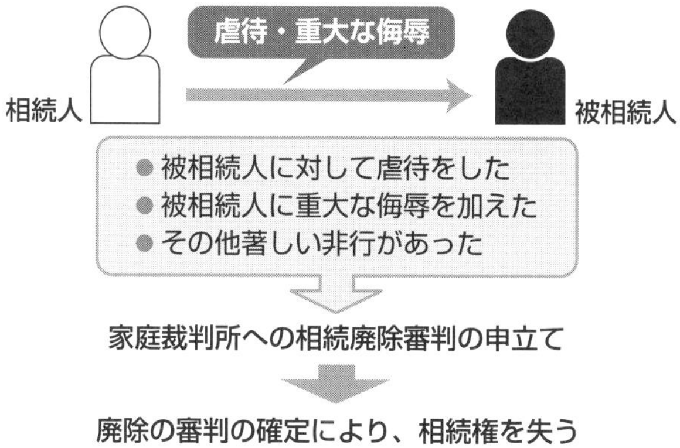

相続人 —虐待・重大な侮辱→ 被相続人

- 被相続人に対して虐待をした
- 被相続人に重大な侮辱を加えた
- その他著しい非行があった

↓

家庭裁判所への相続廃除審判の申立て

↓

廃除の審判の確定により、相続権を失う

相続放棄について知っておこう

相続放棄をした人の子や孫は代襲相続できなくなる

● 相続開始を知ってから3か月以内

　相続するかしないか、つまり相続を承認するか放棄するかは、相続人の自由です。**相続放棄**をする場合には、被相続人のすべての財産（プラス分とマイナス分）を放棄します。相続放棄をした場合、相続放棄をした人は、最初から相続人ではなかったとみなされます。

　相続放棄するかどうかは、被相続人の死亡の時から3か月以内ではなく、相続の開始を知ってから（自分が相続人になったことを知ってから）3か月以内に決めなければなりません。相続放棄をする場合、相続人が家庭裁判所に相続放棄申述書を提出することが必要です。

　相続人が未成年者や成年被後見人などの制限行為能力者（単独で法律行為を行う能力が制限されている人）の場合には、その法定代理人が制限行為能力者のために相続の開始があったことを知った時から3か月以内に、相続放棄をするかどうか決める必要があります。

　なお、相続放棄をした人は、その放棄によって新たに相続人となる者が遺産の管理を始めるまでは、遺産を管理する必要があります。

　相続放棄した人（放棄者）は、最初から相続人ではなかったとみなされるので、その子や孫が代襲相続することはできません。

　相続放棄があった場合は、放棄者以外の同順位の血族相続人が相続人となり、同順位が誰もいなければ、次順位の血族相続人が相続人となります。

● 遺族年金や退職金は個々の判断

　相続放棄と遺族年金・退職金請求権の関係は、それがどのような財

産であるかによって違います。弔慰金や遺族年金が、遺族固有の権利であれば、相続放棄に関係なく自分の権利として請求できます。しかし、故人である被相続人に支払われるべき相続財産（遺産）にあたるものについては、相続を放棄すれば請求できなくなります。

● 事故に対する損害賠償請求権は相続財産になる

死亡者本人の物的損害に対する賠償金や、精神的損害（苦痛など）に対する慰謝料といった損害賠償請求権は相続財産になります。たとえば、被相続人が事故死した場合、本人が取得した加害者に対する損害賠償請求権は相続財産となり、相続人に受け継がれますが、相続放棄をした相続人はこれを相続できません。

ただし、加害者に対し遺族として苦痛を受けたことの慰謝料を請求するのであれば、これは遺族自身に生じた固有の損害であって、相続財産ではありませんので、相続放棄とは関係なく請求できます。

● 生命保険金の請求権

被相続人が保険金受取人になっている場合、その保険契約上の権利は被相続人に属する相続財産ですから、相続放棄した相続人は、これを相続することができません。

これに対して、被相続人が死亡した場合の保険金受取人に指定されている者が最初から相続放棄をした相続人であった場合、生命保険金は相続財産に含まれませんので、相続放棄をしても、その人は生命保険金を請求できます。特定の個人を保険金受取人として定めていた場合、その特定の個人を保険金受取人とする趣旨の記載であることから、たとえ相続放棄により相続人の資格を失っても、保険金請求権の保険金受取人としての資格は失われないとする判例があるからです。ただし、相続放棄をした人が生命保険金を受け取った場合は相続税を支払う義務が生じます。

相続分皆無証明書と相続放棄

相続放棄はしないが、自分の相続分を他の相続人に譲るための方法があります。それが**相続分皆無証明書**を作成する方法です。

相続分皆無証明書（相続分がないことの証明書）とは、自分には特別受益（41ページ）があるから相続分がないので、他の相続人だけに相続を認めるという趣旨の証明書のことです。相続分皆無証明書を添付することで、他の相続人だけで不動産の相続登記を申請できるというメリットがあります。なお、相続登記申請をするには印鑑証明書の添付も必要ですが、相続分皆無証明書の作成当時の印鑑証明書でよいとされており、3か月以内などの期間制限はありません。

もっとも、自分だけが先順位者で配偶者もいない場合は、自分だけが相続人ということになるので、相続分皆無証明書を作成して後順位者に相続財産を譲ることはできません。この場合、後順位者に相続財産を譲りたいのであれば、相続放棄をすることが必要です。

また、相続分皆無証明書は、特別受益があるといった事情により「自分には相続分がない」ことを証明するに過ぎず、借金などのマイナスの財産も含めて相続を否定する相続放棄とは意味が異なります。相続分皆無証明書を作成しても、借金などは法定相続分に応じて弁済義務を負担することに注意しなければなりません。借金などの負担を

■ **相続人である子が相続放棄をした場合の相続分の例** ……………

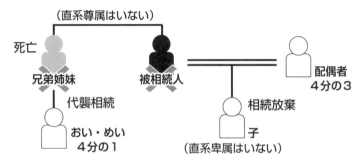

免れたいのであれば、相続放棄をすることが必要です。

● 相続分皆無証明書の偽造

相続分皆無証明書は紙と実印があれば比較的容易に作成できることから、無断で相続分皆無証明書が作成されたり（相続分皆無証明書の偽造）、他の不動産の相続登記のために作成した相続分皆無証明書が流用されたりすることがあります。相続分皆無証明書を作成する際は、相続を否定する対象不動産を明記することが大切です。

登記申請を受け付ける法務局は、偽造や流用であっても書類の記載や押印（本人の実印が押してあればよい）に不備がなければ、書類に記載された名義人が自分の相続分を否定したとみなしますから、名義人を除く他の相続人の名義で相続登記が行われてしまいます。もっとも、このような偽造の書類を添付した不正の登記は無効であることはいうまでもなく、刑法上の有印私文書偽造および同行使罪になります。

この場合、偽造された相続人（名義人）が、身内として刑事事件にはしたくないとすれば、民事事件として自分を含めた相続登記をさせるための手続き（所有権移転登記、真正な登記名義の回復、抹消登記の手続きなど）を求めます。遺産分割協議が終わっていなければ、是正を求めることもできますし、相続回復請求権（自分の相続分を回復するための権利）の対象になることもあります。

■ 相続放棄の手続き

相続の承認について知っておこう

単純承認と限定承認があり、限定承認は全員で行うことが必要

● 相続財産にはマイナスもある

　相続財産（遺産）には、**積極財産**（プラスの財産）と**消極財産**（マイナスの財産）があります。たとえば、住宅ローンで家を買った場合は、家が積極財産、住宅ローンの残高が消極財産です。「家は相続するが、住宅ローンはいやだ」などというわがままは許されません。

　相続人は、プラスの財産だけでなく、マイナスの財産も相続の対象になる（包括承継）ということを十分理解して、被相続人の相続財産を相続するのか、それとも放棄するのかを決める必要があります。

● 相続するかどうかの選択

　借金などの債務も消極財産として相続財産に含まれますから、被相続人の死亡によって、相続人は積極財産だけでなく、消極財産である債務も承継します（包括承継）。しかし、多額の借金を背負って、遺族は一生借金地獄の苦しみに耐えなければならないのでしょうか。いかに被相続人のしたこととはいえ、いささか酷な話です。

　そこで、民法は相続財産を受け入れるか否かを、相続人の自由な選択にまかせることにしています。消極財産も含めた相続財産をすべて受け入れることを**相続の承認**、消極財産はもちろん積極財産の受入れもすべて拒否することを相続放棄といいます。

● 相続の承認の種類

　相続の承認には2つの方法があります。1つは、相続財産を債務を含めて無条件かつ無制限にすべて相続することを認める場合で、これ

を**単純承認**といいます。一般に「相続する」というのは、単純承認のことを指します。

単純承認した場合には、被相続人の権利義務をすべて引き継ぐことになります（包括承継）。たとえ債務や義務といった消極財産であっても、相続分の割合に応じて責任を負うことになるので、相続人には弁済義務が生じることになります。なお、以下の3つの場合には、単純承認をしたものとみなされます。

① 相続人が相続開始を知った時から3か月以内に限定承認または相続放棄をしなかった場合
② 相続人が相続財産の全部または一部を処分した場合（短期賃貸借と保存行為は除く）
③ 相続人が消極財産を相続しないために相続放棄や限定承認をした後であっても、相続財産の全部か一部を隠匿したり消費した場合、または悪意で財産目録中に相続財産を記載しないなどの不正行為をした場合

●条件つきで相続するのが限定承認

相続によって得た積極財産の範囲内で、被相続人の消極財産を負担するという条件つきの相続を**限定承認**といいます。限定承認は、負債額が不明な場合などに申し立てると、予想以上の借金などの債務を相続するリスクを回避できます。

限定承認が認められると、相続人は被相続人が遺した借金の返済について不足分があっても、自分の財産から支払う義務はありません。

ただ、限定承認の場合も、債務はいったん全部引き継ぎます。債務を引き継がない相続放棄とは違い、債務の返済義務や強制執行（裁判所が権利者の権利内容を強制的に実現する手続き）が、積極財産の範囲に限定されるのが限定承認の特徴です。

また、債務超過であるとしても、相続財産の中にどうしても手放し

たくない自宅などの財産がある場合は、限定承認を選択することが考えられます。限定承認においては、相続人が優先的に相続財産を買い取る権利（先買権）が認められており、家庭裁判所が選任した鑑定人の鑑定価格以上を支払えば、競売に参加することなく、優先的に自宅など特定の財産の所有権を取得できるというわけです。

　限定承認については、相続人全員が一致して行わなければならないことに注意が必要です。したがって、1人でも「単純承認だ」という相続人がいる場合は、他の相続人も限定承認ができません。一方、相続人の中に相続放棄をした人がいる場合は、その人を除く全員が合意すれば限定承認ができます。

　限定承認をするときは、相続開始を知った日から3か月以内に、家庭裁判所に対し「相続限定承認申述書」を提出します。財産目録に記載漏れなどがあった場合には、単純承認したものとみなされることがあるので気をつけましょう。限定承認が認められると、家庭裁判所によって相続財産管理人が選ばれ、清算手続きをすべて行います。相続財産管理人には、相続人のうちの1人が選任されます。

■ 限定承認の手続き

限定承認		
	申述書	家庭裁判所に備え付けの「相続限定承認申述書」の用紙に必要事項を記入して作成する（用紙は「家事審判申立書」でも可能）
	申述先	相続開始地（被相続人が死亡した住所地）を管轄する家庭裁判所
	申述する人	相続人全員。相続放棄をした人がいる場合はその人を除く全員
	期限	自己のために相続の開始があったことを知った時から3か月以内。 ただし、相続財産の調査に時間がかかるような場合は、家庭裁判所に3か月の期間の伸長を請求することも可能
	添付書類	被相続人の戸籍（除籍、改製原戸籍）謄本、相続人全員の戸籍謄本、財産目録、相続人全員の印鑑証明書

特別受益を受けると相続分はどう変わるのか

遺留分に反しない限り特別受益は尊重される

● 特別受益とは

相続人が被相続人から特別に財産をもらうことを**特別受益**といいます。特別に財産をもらった相続人が特別受益者です。そして、相続開始時の財産（遺贈を含む）に特別受益にあたる贈与（生前贈与）を加えたものが全相続財産（みなし相続財産）となります（これを特別受益の「持戻し」といいます）。その上で、相続人間の公平性を図るために、全相続財産を基準として具体的相続分を計算します。特別受益を受けた相続人の具体的相続分を計算する際には、特別受益を前渡し分として差し引きます（43ページ図）。

ただし、被相続人が遺言で特別受益を差し引かないと決めていた場合は、その遺言に従うことになります。このとき、特別受益が遺留分を侵害していれば、遺留分を有する相続人は、特別受益者に対して遺留分侵害額請求を行うことが可能です（50ページ）。

● 特別受益に該当する贈与や遺贈

特別受益に該当するものとして、①相続人が婚姻または養子縁組のために受けた贈与があります。結婚資金の贈与などが該当します。

また、②相続人が生計資金として受けた贈与も該当します。住宅の購入資金の援助や特別な学費など、他の相続人とは別に、特別にもらった資金などが含まれます。ただし、新築祝いなどの交際費の意味合いが強いものや、その場限りの贈り物などは含まれません。

さらに、③相続人が受けた遺贈も特別受益に該当します。贈与の場合と異なるのは、遺贈がすべて特別受益に該当する点です。なお、遺

贈された財産は、相続開始時まで被相続人に帰属していたものなので、相続開始時の財産に含むものとして扱われます（次ページ図）。

◉ 贈与や遺贈が多すぎる場合はどうか

特別受益にあたる贈与や遺贈が多すぎると、計算上の具体的相続分がマイナスとなる場合がありますが、この場合は自らの具体的相続分がゼロになるだけです。被相続人の自由意思による贈与や遺贈は、特別受益に該当するとしても、遺留分に反しない限り尊重されます。

◉ 居住用不動産の贈与・遺贈に対する「持戻し免除の意思表示」の推定に関する改正

被相続人が、自分の死後、残された配偶者が安心して暮らしていけるように、居住用不動産を贈与・遺贈するケースがあります。被相続人から相続人である配偶者が居住用不動産の贈与・遺贈を受けることは「特別受益」に該当します（前ページの②・③に該当します）。そのため、特別受益を持ち戻した上で、それぞれの相続人の具体的相続分を計算することになります。

たとえば、妻A、子Bが相続人の場合で、被相続人から妻Aへ居住用不動産（評価額2000万円）が贈与され、相続開始時の財産は預貯金2000万円のみとします。ABの具体的相続分を算定する際は、贈与された居住用不動産2000万円も相続開始時の財産に含めて計算しますので、「居住用不動産2000万円＋預貯金2000万円＝4000万円」が全相続財産となります。そして、4000万円を法定相続分に応じて分配すると、Aは2000万円、Bは2000万円となる結果、Aの具体的相続分は特別受益（2000万円）を控除した「ゼロ円」となるので、Aは預貯金をまったく相続できません（次ページ図）。これでは、居住用不動産を確保できても、その後の生活に支障をきたしかねません。

2018年に成立した相続法改正では、Aのような生存配偶者の生活保

障を図る趣旨から、婚姻期間が20年以上の夫婦間でなされた贈与・遺贈のうち居住用不動産（建物やその敷地）については「持戻し免除の意思表示」があったと推定する規定が置かれました。つまり、居住用不動産の贈与・遺贈については、原則として居住用不動産の価額（特別受益）をみなし相続財産に含めて計算することが不要となります。

本ケースでも、夫から妻Aに生前贈与された居住用不動産2000万円の持戻しは不要となりますので、全相続財産は「預貯金2000万円」となると共に、特別受益の控除も行われませんので、妻Aは1000万円を相続します。これにより、生存配偶者の最終的な相続財産の取得分が増加しますので、生活の安定が図られるというわけです。

■ 特別受益者の具体的相続分の算定方法

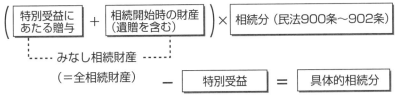

（=全相続財産） － 特別受益 ＝ 具体的相続分

（設 例）

被相続人Aの子BCDの3人が相続人として存在し、相続財産が1000万円ある場合で、BがAから200万円の特別受益に当たる生前贈与を受けていた場合、BCD各自の具体的相続分はいくらとなるか。

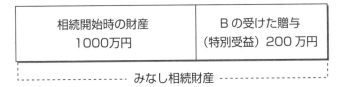

Bの具体的相続分：$(200万円+1000万円) \times \dfrac{1}{3} - 200万円 = 200万$
C・Dの具体的相続分：$(200万円+1000万円) \times \dfrac{1}{3} = 400万$

寄与分を受けると相続分はどう変わるのか

寄与分は本来の相続分にプラスされる

● 財産形成に対する特別な貢献を評価する

相続人には相続分の他に寄与分という取り分があり、相続分に加えられることがあります。**寄与分**とは、被相続人の財産の維持または増加に「特別の寄与」（財産形成に対する特別な貢献）をした相続人（貢献者）に対して、本来の相続分とは別に、寄与分を相続財産（遺産）の中から取得できるようにする制度のことです。

寄与分制度は、特別受益者の相続分と同様に、法定相続分の計算方法を修正して、相続人同士の実質的な公平を図るための制度です。

たとえば、配偶者としての貢献や親孝行などは、特別の寄与とは認められず、寄与分制度の対象になりません。しかし、被相続人に事業資金を提供したことで被相続人が倒産を免れた場合や、長期療養中の被相続人の看護に努めたことで被相続人が看護費用の支出を免れた場合などは、特別の寄与と認められ、寄与分制度の対象となります。

また、寄与分は相続人だけに認められる制度ですから、相続人でない人には寄与分が認められません。ただし、寄与分とは異なりますが、相続人がいない場合に、貢献者が「特別縁故者」（内縁関係の夫や妻、療養看護に努めた者など、被相続人との間に一定の特別の縁故があった者）に該当するとして、家庭裁判所の審判により、相続財産の一部または全部の取得が認められることがあります。

● 寄与分の具体的な計算方法

寄与分の算出方法は、まず、相続財産の総額から寄与分を差し引いた「みなし相続財産」を決定します。次に、みなし相続財産を相続分

に応じて分けて、寄与分は貢献者に与えます（次ページ図）。

　たとえば、妻と長男、二男、長女の４人が相続人で、相続財産が2000万円、長男の寄与分が200万円である場合は、下記のように、貢献者である長男の相続分は500万円となります。

> ・相続財産…………2000万円－200万円＝1800万円
> ・妻の相続分………1800万円×２分の１＝900万円
> ・長女の相続分…（1800万円－900万円）×３分の１＝300万円
> ・二男の相続分…（1800万円－900万円）×３分の１＝300万円
> ・長男の相続分……300万円（本来の相続分）＋200万円（寄与分）＝500万円

　なお、寄与分の割合について特段の定めはありませんが、相続財産の総額から遺贈の価額を控除した額を超えることはできません。

● 相続人以外の者の特別の寄与についての改正

　寄与分制度は、相続人だけを対象とする制度であるため、次のようなケースにおいて、不都合が生じる場合があります。たとえば、父Aが亡くなり、Aには相続人として子Bと子Cがいて、Cの妻DがAの生前の療養看護を担当していたという場合を考えてみましょう。

　仮にAの財産が1000万円であったとすると、法定相続分に従うならば、相続人BとCが各500万円ずつを相続します。しかし、日常生活におけるAの世話を見てきたのはDであるにもかかわらず、DはAの相続に関して、何らかの主張ができないのでしょうか。

　被相続人を献身的に介護したり、被相続人の家業に従事したりするなどして被相続人の財産の維持や増加に特別な貢献をした場合は、その貢献を寄与分として考慮して、具体的な相続分に上乗せすることが認められています。しかし、寄与分が認められるのは相続人に限定さ

れていることから、たとえ相続人の妻が被相続人を献身的に介護しても、その貢献は寄与分として認められず、本ケースにおけるDは寄与分を主張することができません（ただし、Dの貢献を相続人Cの貢献と考えて、相続人Cの寄与分として認められる可能性はあります）。

　こうした不公平な取扱いを是正するため、2018年の相続法改正では、相続人以外の親族が、相続人に対し特別寄与料を請求することが認められました。つまり、本ケースのDのように、相続人でない親族が、被相続人の療養看護等によって被相続人の財産の維持・増加に特別の寄与（貢献）をした場合に、相続人に対して金銭（特別寄与料）の支払いを請求できる旨の規定が置かれました。

　特別寄与料の請求ができるのは「被相続人の親族」です。具体的には、①6親等内の血族、②配偶者、③3親等内の姻族を指しますが、相続人、相続放棄をした者、欠格事由に該当する者、廃除された者は除外されます。本ケースのDは、③（1親等の姻族）にあたるので、相続人B・Cに対して特別寄与料の支払いを請求できます。

　また、相続法改正では、当事者間で特別寄与料についての協議が調わない場合は、家庭裁判所に処分の請求（特別寄与料を定める請求）をすることができる旨の規定も置かれました。

■ **寄与分のしくみ**

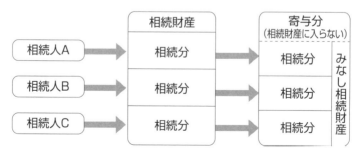

※寄与が認められた相続人Aは寄与分＋相続分を受け取ることができる

遺留分について知っておこう

妻と子が相続人である場合の総体的遺留分は2分の1

● 指定相続と遺留分

　遺言による相続分の指定や遺贈、さらに生前贈与は、被相続人（遺言者）の自由ですが、すべての財産を被相続人が勝手に他人に譲渡してしまうようなことがあれば、残された相続人の生活や相続への期待が守られません。そこで、兄弟姉妹以外の相続人（遺留分権利者）には、遺言によっても影響を受けない**遺留分**（法律上決められている最低限の相続できる割合）が保障されています。

　遺留分権利者全体に保障された遺留分（総体的遺留分）は、直系尊属だけが相続人の場合は相続財産の3分の1、それ以外の場合は相続財産の2分の1です。なお、遺留分権利者が複数いる場合は、法定相続分に基づく各人の遺留分（具体的遺留分）を決めます。

　遺留分を算定する場合、その算定の基礎となる財産（基礎財産）を確定することが必要です。基礎財産は「相続開始時の財産（遺贈された財産を含む）＋生前に贈与した財産－借金などの債務」という計算式によって求めます。ただし、「生前に贈与した財産」は、相続人以外の人に対する贈与か、相続人に対する贈与かによって、遺留分の算定の基礎となる財産に含まれるかどうかの判断基準が異なります。

　まず、相続人以外の人に対する贈与は、①相続開始前の1年間にした贈与と、②相続開始の1年前の日より前にした当事者双方が遺留分権利者に損害を与えることを知った上での贈与が含まれます。

　一方、相続人に対する贈与は、③相続開始前の10年間にした特別受益となる贈与と、④相続開始の1年前の日より前にした当事者双方が遺留分権利者に損害を与えることを知った上での贈与が含まれます。

後述するように、相続人への贈与は③について改正がありました。

◉ 遺留分算定方法の見直しについて

　改正前は、遺留分算定の基礎財産に関して、贈与については、贈与の相手方を区別せず、前ページの①・②の贈与を算入すると規定していました。しかし、①については、相続人以外の人に対する贈与だけに適用されるとし、相続人に対する贈与は、特別受益にあたるものであれば、贈与の時期を問わず算入するのが判例の考え方でした。

　たとえば、被相続人Aの相続人が妻Bと子Cであった場合、相続開始時の財産は0円ですが、Aは30年前に1000万円を生計の資本としてCに贈与しており、相続人以外のDには400万円を遺贈していたとします。改正前は、30年前の贈与も特別受益であれば基礎礎産に含めるので、Bの遺留分は「(1000万円＋400万円)×1/4＝350万円」となります。遺留分は「遺贈→贈与」の順に減殺する（差し引く）ので、Bが遺留分減殺請求権を行使すると、Dは50万円しか取得できません。

　しかし、30年前のCへの贈与が特別受益に該当せず、基礎財産に算入されないとすれば、BとCはそれぞれ「400万円×1/4＝100万円」の遺留分を侵害されたことになるので、双方が遺留分減殺請求権を行使しても、Dは200万円を取得できることになります。

　このような改正前の考え方では、被相続人が何十年も前に行った相続人に対する贈与の価額が基礎財産に算入されるかどうかによって、相続人以外の受遺者・受贈者が受ける減殺の範囲（返還すべき財産の範囲）が大きく変わるため、法的安定性が害される危険性がありました。

　そこで、2018年の相続法改正では、遺留分算定の基礎財産に算入される相続人に対する生前贈与の範囲を限定する規定が置かれました。つまり、相続人に対する贈与は、原則として「相続開始前の10年間にした特別受益となる贈与」に限定する旨が明文化されました。これにより、前述の事例で30年前のCへの生前贈与は、遺留分算定の基礎財

産から除かれます（ただし、前ページの④に該当する場合は、30年前でも遺留分算定の基礎財産に算入されます）。

また、負担付贈与がなされた場合、遺留分算定の基礎財産に算入するのは、その目的の価額から負担の価額を控除した額となります。

さらに、不相当な対価による有償行為（著しく廉価な価額で売却する行為など）がなされたときは、当事者双方が遺留分権利者に損害を与えることを知っていた場合に限り、不相当な対価を負担の価額とする負担付贈与がなされたとみなします。

以上をまとめると、相続法改正においては、遺留分侵害額を求める計算式を以下のように明文化しています。

・遺留分額＝「遺留分算定の基礎財産の額」×「総体的遺留分」×「遺留分権利者の法定相続分」
・遺留分侵害額＝「遺留分額」－「遺留分権利者が受けた特別受益の額」－「遺留分権利者が相続で取得した積極財産の額（遺贈分を含む）」－「遺留分権利者が相続により負担する債務の額」

● 受遺者等が相続債務を消滅させる行為をした場合

被相続人の事業を承継するため、債務を含めてすべての財産を承継した特定の相続人に対し、他の相続人が遺留分侵害額請求権を行使したとします。たとえ特定の相続人がすべて承継することになっても、相続債権者は、各相続人に対し法定相続分に応じた相続債務の弁済を請求できるため、遺留分権利者も相続債務を負っています。

相続法改正では、受遺者等（受遺者や受贈者）が相続債務を弁済するなどして相続債務を消滅させた場合、受遺者等は、消滅した相続債務額の限度で、遺留分権利者に対し、遺留分侵害額請求権の行使により負担した金銭債務の消滅を請求できる旨が規定されました。

12 遺留分が侵害された場合や遺留分の放棄について知っておこう

相続法改正で遺留分侵害に対し金銭支払請求だけが可能になった

● 遺留分侵害額請求とは

　遺留分が侵害されたとわかった場合、遺留分権利者は、遺贈や贈与を受けた相手方に対し、侵害された遺留分に相当する財産の取戻しを請求することができます。これを**遺留分減殺請求**といいます。遺留分減殺請求については、相続法改正により、その名称が**遺留分侵害額請求**に変更されました（53ページ）。以下、この項目では「遺留分侵害額請求」として解説します。なお、遺留分権利者が遺言どおりでよいと考えるのであれば、遺留分侵害額請求をしなくてもかまいません。

　遺留分侵害額請求の方法はとくに決まりはなく、遺留分を侵害している受遺者や受贈者に対して、遺留分侵害額請求権を行使する旨の意思表示をすれば足ります。遺留分侵害額請求は、まず遺贈について行い、それでも遺留分の侵害が解消されない場合は贈与（生前贈与）について行います。贈与については「後の贈与」（一番新しく行われた贈与）から順番に、遺留分の侵害が解消されるまで、財産の取戻しが行われます。

　なお、相続人に対する特別受益に該当する贈与は、相続分の前渡しとみなされます。この場合の贈与は、1年以上前の贈与であっても減殺の対象になりますし（相続法改正により10年前までの贈与に制限されることになりました、48ページ）、他の相続人の遺留分を害することを知りながら贈与した場合に限るなどという制限もありません。

● 遺留分侵害額請求権の消滅

　遺留分侵害額請求は、遺贈を受けた人（受遺者）や、贈与（生前贈

与）を受けた人（受贈者）に対して、その権利（遺留分侵害額請求権）を行使するという意思表示をすれば、遺留分侵害額請求権を行使したことになります。

遺留分侵害額請求権の行使期間は1年間です。この「1年間」の計算については、相続開始および遺留分を侵害する贈与や遺贈があったことを知った日から数え始めます。ただし、相続開始または遺留分を侵害する贈与や遺贈があったことを知らずにいたとしても、相続開始日から10年を経過したときは、遺留分侵害額請求権が消滅します。

● どのように財産の取戻しを請求するのか

遺留分侵害額請求をしたい遺留分権利者は、各自で意思表示をしなければなりませんが、時効による権利消滅を防ぐため、通常は配達証明付内容証明郵便で請求します。その場合、遺留分を侵害している受遺者や受贈者の全員に対して送付します。交渉が困難な場合は、家庭

■ ケース別で見る遺留分

	配偶者	子	直系尊属	兄弟姉妹
①配偶者と子がいる場合	($\frac{1}{4}$)	($\frac{1}{4}$)		
②子だけがいる場合		($\frac{1}{2}$)		
③配偶者と父母がいる場合	($\frac{1}{3}$)		($\frac{1}{6}$)	
④父母だけがいる場合			($\frac{1}{3}$)	
⑤配偶者だけがいる場合	($\frac{1}{2}$)			
⑥配偶者と兄弟姉妹がいる場合	($\frac{1}{2}$)			(0)
⑦兄弟姉妹だけがいる場合				(0)

裁判所の調停や、訴訟の提起を通じて請求することになります。

　取戻しの対象となる遺贈や贈与のあった財産が複数ある場合の遺留分侵害額請求は、前述したように請求の順序が決まっています。まず遺贈から差し引きし（減殺し）、それでも不足しているときに贈与（生前贈与）を差し引きます。贈与が複数行われていた場合は、一番新しく行われた贈与から差し引きます。一方、遺贈が複数ある場合で、遺贈のみで遺留分の侵害が解消されるときは、遺贈全体について取戻し対象となる財産の価格に応じて差し引きます。

● なぜ遺留分減殺請求権が見直されたのか

　2018年の相続法改正では、遺留分減殺請求権の見直しが行われました。

　たとえば、次の事例を考えてみましょう。夫Aが死亡し、Aには妻Bと子Cがいた場合、Aの財産として建物（2000万円相当）だけがあるときは、法定相続分に従うと、相続人であるBとCは、建物を持分2分の1ずつの割合で持ち合い、共有関係に入ります。しかし、Aが生前に「建物はすべてCに相続させる」という内容の遺言を遺していた場合、Aの死後、建物はすべてCが相続します。この場合、Bは、Aの死後に受け取ることができたはずである建物の2分の1の持分を、Aの遺言によって侵害されたとみることができます。

　改正前は、遺留分減殺請求権を行使すると、遺贈や贈与は遺留分を侵害する限度で失効し、原則として減殺された（差し引かれた）限度で、その財産は遺留分権利者のものとなりました。前述した事例では、Bが遺留分減殺請求権を行使すると、建物について4分の1（Bの個別的遺留分が4分の1だからです）の持分を取得し、残り4分の3の持分をもつCとの間で共有関係に入ります。

　ところが、改正前の遺留分減殺請求権は、上述の事例のように相続財産が不可分な不動産などである場合、当然に不動産などの所有権について相続人同士の共有関係に入ることを強制します。そのため、事

業用の不動産を相続する場合などに、単独の相続人（後継者）が事業を継続するのに支障が生じるといった不都合が指摘されていました。

そこで、相続法改正では、遺留分減殺請求権を「遺留分侵害額請求権」に改め、金銭による解決を図ることにしたわけです。

相続法改正による遺留分侵害額請求権の行使については、請求権を行使しても遺留分権利者に財産の所有権は帰属せず、ただ遺留分侵害額相当の金銭債権が発生することになります。つまり、遺留分権利者が遺留分侵害額請求権を行使しても、遺留分権利者は、受遺者や受贈者に対し、遺留分侵害額に相当する金銭の支払いを請求できるにとどまるわけです。

そのため、前述した事例でBが遺留分侵害額請求権を行使しても、建物の所有権はCの単独所有のままで、Cは、Bに対して、Bの遺留分侵害額相当である500万円の支払義務を負担するにとどまります。これにより、権利関係が複雑になることもありませんし、Cが建物を用いてAの事業を承継する場合にもスムーズに承継ができます。

なお、相続法改正では、受遺者や受贈者が遺留分侵害額請求による金銭債務の支払いに応じられない場合は、裁判所に請求することで、相当期間支払の猶予を受けられるしくみも整えられました。

● 遺留分の放棄には家庭裁判所の許可が必要

相続人は、被相続人の生前に遺留分を放棄することもできます。その場合、家庭裁判所の許可が必要になります。

たとえば、ある人が生前に、配偶者に主要な財産を残したいと思った場合には、相続人になる見込みの人たちと話し合って遺留分を放棄してもらう方法があります。つまり、遺留分の放棄は、被相続人が遺言で相続人の遺留分を侵害することが明らかである場合、その遺言の効力を有効にするためのものなのです。

被相続人の生前に遺留分を放棄したい場合は、遺留分権利者が自ら

家庭裁判所に対し「遺留分放棄許可審判申立書」を提出して、遺留分放棄の許可を得なければなりません。被相続人の生前に自由な遺留分の放棄を認めると、被相続人や他の推定相続人により強制的に遺留分を放棄させられるおそれがあるため、遺留分の放棄が本人の真意に基づくものであるかどうか、相続人の利益を不当に害するものでないかどうかを家庭裁判所で審理してもらうことにしています。

申立書が提出されると、家庭裁判所は審問期日に放棄を申し立てた本人の出頭を求め、審判官（裁判官）が真意を審問します。具体的には、遺留分とその放棄についての質問があります。そして、放棄が遺留分権利者の自由意思によるものかどうかや、放棄する理由などについての質問があります。そして、放棄の理由が妥当と判断されれば、遺留分放棄の審判があり、審判書が交付されます。この審判に異議を申し立てることはできません。

● 相続開始後の遺留分の放棄

相続開始後は、遺留分を自由に放棄することができます。遺留分の放棄の方法については、特段の規定がありませんので、遺留分を放棄する旨を遺産分割協議の場で意思表示をしても有効です。

ただし、相続財産（遺産）の存在など事実関係に関する誤った認識や、他の相続人による作為的な偽りなどがあれば、遺留分の放棄も含めた遺産分割協議の無効などが問題になる場合があります。

■ 遺留分放棄をするには

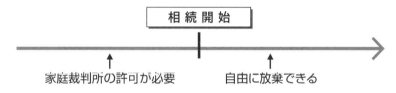

ケース別　相続分早わかり

Case1　被相続人に先妻と後妻がいて、どちらにも子がいるケース

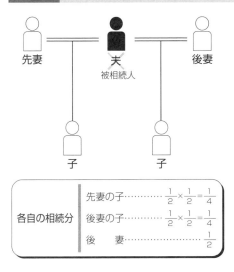

被相続人に先妻の子と後妻の子がいる場合、相続分はどうなるのでしょうか。先妻の子も後妻の子も「子」であることに変わりはありませんから、相続分はまったく均等です。配偶者（後妻）の相続分は2分の1で、残りの2分の1を子2人が均等に（4分の1ずつ）分け合います。なお、先妻が生きていても相続の時点では被相続人の配偶者ではありませんから、相続権はもちろんありません。

Case2　妻と兄弟姉妹がいる上に、妻が妊娠中のケース

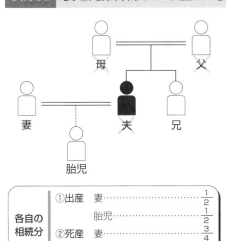

胎児は相続については、すでに生まれたものとみなされます。ただ、胎児の時点から相続人として扱うのか、生きて生まれた場合に遡って相続人として扱うのか、については議論されています。

いずれにせよ、胎児が生きて生まれると、相続人は妻と子だけになります。死産であった場合は、妻と兄が相続人になります。出産があるまでは、遺産分割はすべきではないでしょう。

Case3 妻と子が相続するケース

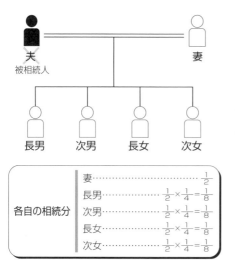

各自の相続分
- 妻……………… $\frac{1}{2}$
- 長男…………… $\frac{1}{2} \times \frac{1}{4} = \frac{1}{8}$
- 次男…………… $\frac{1}{2} \times \frac{1}{4} = \frac{1}{8}$
- 長女…………… $\frac{1}{2} \times \frac{1}{4} = \frac{1}{8}$
- 次女…………… $\frac{1}{2} \times \frac{1}{4} = \frac{1}{8}$

夫が死亡して、妻と4人の子が残されたというケースです。配偶者と子が相続人となる場合には、配偶者の相続分は2分の1ですから、妻の相続分は2分の1となります。反対に妻が死亡した場合は夫の相続分が2分の1です。

また、子の相続分も2分の1で、子が複数いる場合には2分の1を均等に分け合います。本ケースでは4人の子がいますので、各人の相続分は8分の1ずつとなります。

Case4 親・妻・子が残されたというケース

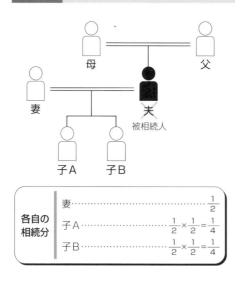

各自の相続分
- 妻……………… $\frac{1}{2}$
- 子A…………… $\frac{1}{2} \times \frac{1}{2} = \frac{1}{4}$
- 子B…………… $\frac{1}{2} \times \frac{1}{2} = \frac{1}{4}$

このケースは、夫が死亡して、その親と妻そして子が残されたというケースです。

この場合、夫の親がまだ生存していますが、相続人にはなりません。相続人は、妻と子だけということになります。そして、相続分は、妻が2分の1、残りの2分の1を複数の子がいる場合には均等に分け合います。この場合には、子ABの間で4分の1ずつ均等に分け合うことになります。

Case5 妻と親が相続するケース

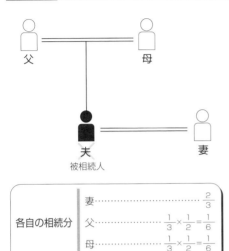

被相続人に子や孫などの直系卑属がいる場合は親や祖父母などの直系尊属が相続人になることはありませんが、いない場合は直系尊属が配偶者とともに相続人になります。

この場合、配偶者の相続分が3分の2で、直系尊属の相続分が3分の1となります。父母が健在の本ケースでは、妻が3分の2を相続し、親の相続分である3分の1は父と母で6分の1ずつ均等に分け合います。

Case6 妻と兄弟姉妹が相続するケース

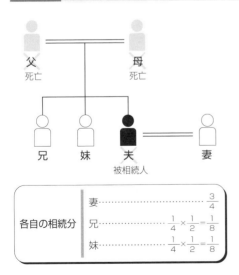

夫が死亡したが、子や孫などの直系卑属も父母や祖父母などの直系尊属もいないという場合には、兄弟姉妹が配偶者とともに相続人になります。この場合、配偶者の相続分が4分の3で、兄弟姉妹の相続分が4分の1となります。兄弟姉妹の相続分は親よりもさらに少ないのです。本ケースでも妻が4分の3を相続し、兄と妹は4分の1を均等に分け合って8分の1ずつを相続することになります。

第1章 相続の基本と相続分早わかり

Case7 子だけが相続するケース

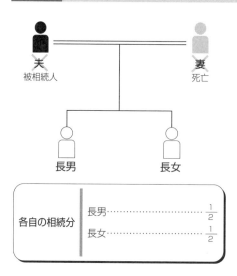

夫が死亡したが、それより前に妻も死亡していて、残されたのは子だけというケースです。この場合、妻が相続することはもちろんあり得ません。夫の遺産はすべて子が相続します。被相続人に親や兄弟姉妹がいても同じです。子が複数いる場合には、均等に遺産を分け合います。本ケースでは長男と長女の2人の子がいますので、それぞれの相続分は2分の1ずつということになります。

Case8 親だけが相続するケース

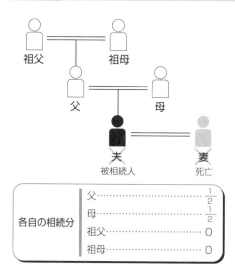

夫が死亡したが、すでに妻も死亡していて2人の間に子や孫もいないというケースです。この場合には、直系尊属のうち親等の最も近い者が相続人となります。本ケースでは祖父母よりも親等の近い親が相続人となりますので、父と母がそれぞれ2分の1ずつの相続分をもつことになります。なお、被相続人に直系卑属がいる場合には、親などの直系尊属が相続人となることはありません。

Case9　兄弟姉妹だけが相続人になるケース

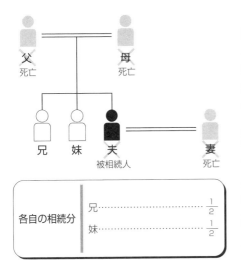

夫が死亡したが、すでに妻も死亡しており、子や孫などの直系卑属もおらず、親や祖父母などの直系尊属もいないというケースです。この場合には、兄弟姉妹だけが相続人となります。本ケースでは被相続人に兄と妹がいますので、それぞれの相続分は2分の1ずつとなります。なお、被相続人に直系卑属または直系尊属の誰かがいる場合には、兄弟姉妹が相続人となることはありません。

Case10　子と兄弟姉妹がいるケース

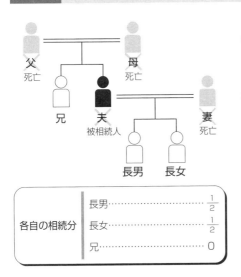

夫が死亡したが、すでに妻も死亡していて、残されたのは2人の子と兄だけであるというケースです。この場合、相続の時点ですでに死亡している妻に相続分が認められないのは当然です。また、子がいる以上、被相続人の親や兄弟姉妹が相続人となることもありません。親や兄弟姉妹が相続人となるのは先順位の相続人がいない場合だけです。長男と長女が遺産を2分の1ずつ相続します。

Case11 親と兄弟姉妹がいるケース

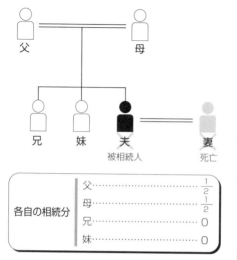

夫が死亡したが、すでに妻も死亡しており、子や孫などの直系卑属もいないというケースです。この場合、第2順位の相続人である直系尊属が遺産のすべてを相続することになります。第2順位の相続人がいる以上、第3順位の相続人である兄弟姉妹に相続権が認められることはありません。本ケースでも直系尊属である父母がそれぞれ2分の1ずつの相続分をもち、兄と妹の相続分はありません。

Case12 子と親がいるケース

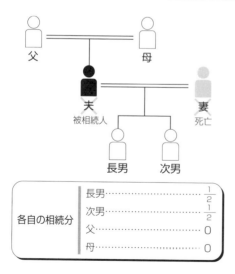

夫が死亡したが、すでに妻も死亡しており、長男と次男だけが残されたというケースです。この場合、妻の相続分が認められないのはもちろんです。また、第1順位の相続人である子がいる以上、第2順位の直系尊属が相続人となることもありません。夫の遺産はすべて子が相続するということになります。長男と次男の相続分は、それぞれ2分の1ずつということになります。

Case13 孫が子を代襲相続するケース

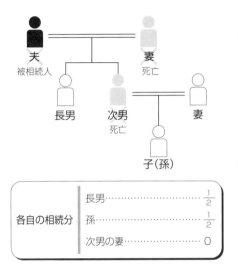

夫が死亡したが、すでに妻が死亡しており、2人の息子のうち次男も死亡していたというケースです。この場合、次男に子（被相続人の孫）がいなければ、長男が遺産のすべてを相続することになりますが、次男に子（孫）がいる場合には、その子が次男に代わって相続（代襲相続）します。長男の相続分が2分の1で、孫の相続分が2分の1ということになります。次男の妻に相続権はありません。

Case14 妻と実子と養子がいるケース

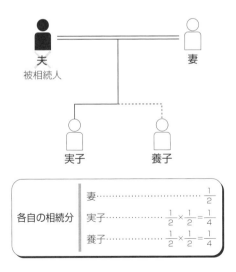

養子は実子と同様に第1順位の相続人となり、相続分も同じです。本ケースでは妻の相続分が2分の1で、実子と養子の相続分はそれぞれ4分の1ずつとなります。なお、普通養子縁組の場合、養子は養親と実親の両方の遺産について相続権があるため、二重の相続権をもっているといえます。特別養子縁組の場合は実親との親族関係が消滅しますので、実親の遺産は相続できません。

第1章 相続の基本と相続分早わかり

Case15 内縁の妻と子がいるケース

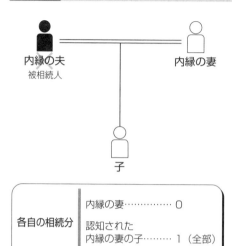

内縁とは、夫婦同様の生活をしているのに婚姻届が出されていない場合です。内縁の妻は法律上の配偶者とはいえませんから、相続権がありません。

ただ、内縁関係の夫婦から生まれた子であっても、夫から認知されれば法律上の子として扱われます。夫が死亡すれば、子が遺産全部を相続することになります。夫の親などの直系尊属には相続権がありません。

Case16 妻と子と養子に出した子がいるケース

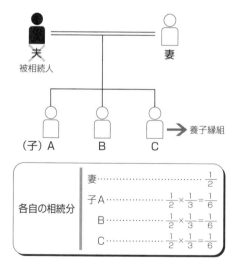

普通養子縁組として自分の子を他人の養子に出した場合でも、実の親子関係が消滅することはありません。血のつながりがある以上、親子関係がなくなることはないのです。他人の養子になったCも、AやBとまったく変わらず、実親を相続することができます。妻の相続分が2分の1ですから、残りの2分の1をABCの3人で均等に割ります。子の相続分はそれぞれ6分の1ずつとなります。

Case17　妻と娘と養子である娘むこがいるケース

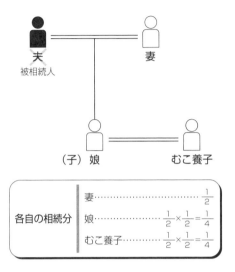

一人娘がむこ養子をとっていたというケースです。むこ養子とは、単に娘と結婚しただけでなく、娘の親とも養子縁組をした夫のことです。養子になると実子と同じように相続権が認められます。夫が死亡した場合、妻の相続分は2分の1で、娘とむこ養子の相続分はそれぞれ4分の1ずつとなります。なお、たとえ娘の姓を名乗っていても、養子縁組をしていなければ、むこに相続権はありません。

Case18　子と妻の連れ子がいるケース

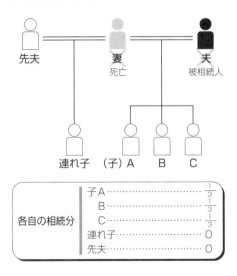

夫が死亡したが、それより前に死亡した妻との間にABCという3人の子がいる他、妻の連れ子もいるというケースです。この場合、妻の先夫に相続権がないのは当然ですが、連れ子にも相続権はありません。妻の子ではあっても、死亡した夫から見れば実子でも養子でもないからです。ABCが3分の1ずつ相続します。連れ子にも相続させたい場合には、生前に養子縁組を結んでおくことが必要です。

Case19 兄弟姉妹とおい・めいが相続するケース

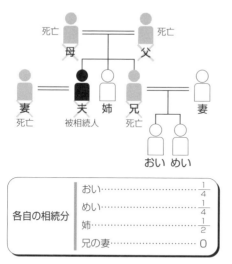

夫が死亡して、その姉と、すでに死亡した兄の妻子がいるケースです。被相続人に子も親もいなければ兄弟姉妹が相続人となります。兄弟姉妹がすでに死亡している場合には、その子（おい・めい）が代襲相続します。

本ケースの相続人は姉に加えて兄を代襲相続するおい・めいとなります。兄の妻（義理の姉）は法律上の兄弟姉妹ではありませんから、相続権はありません。

Case20 遺留分を侵害する相続分の指定があるケース

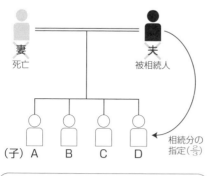

被相続人の妻はすでに死亡しており、4人の子のうちDに対してだけ相続分を3分の2とする遺言を残していますので、ABCの相続分は9分の1ずつとなります。

ただ、ABCの最低限の取り分である遺留分（法定相続分×2分の1）を侵害しているので、AらにはDに対してその侵害分（72分の1ずつ）の金額を支払うように請求する権利（遺留分侵害額請求権）があります。

Case21 遺留分を侵害する遺贈があるケース

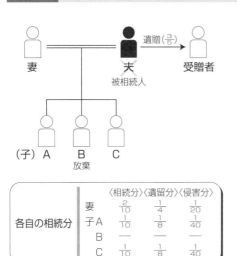

本ケースでは、被相続人が遺言で遺産の5分の3を第三者（受贈者）に贈与しています。また、子Bは相続を放棄しているので、相続人ではなかったことになります。よって、相続人は妻と子ACであり、遺産から遺贈分を除いた残り5分の2を法定相続分に従って相続します。ただ、妻と子A・Cの遺留分を侵害するので、侵害分について受贈者に対して遺留分侵害額請求権を行使できます。

Case22 相続人が1人もいないまま死亡したケース

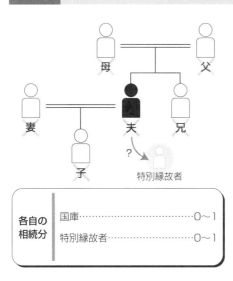

通常は死亡者がいると、その者の近親である配偶者や子などが相続財産を管理します。しかし、身近にそのような親族がいない場合は、相続財産を1つの法人として、家庭裁判所が管財人を選任して管理します。そして、相続人が1人もいないことがわかれば、相続財産は国庫に帰属します。ただ、被相続人に内縁の妻や療養看護をしていた者など（特別縁故者）がいる場合、その人に遺産の全部または一部が与えられます。

第1章 相続の基本と相続分早わかり

Case23 子どもがいるができるだけ多く妻に相続させたいケース

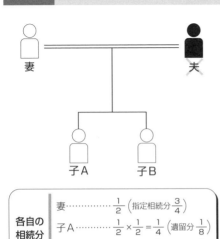

被相続人である夫が生前から、何らかの理由によって、自分の財産をできるだけ多く妻に相続させたいと望むこともあります。子の承諾が得られない場合は、子の遺留分を侵害しない範囲で、妻への相続分を指定する遺言を残します。

本ケースでは、子の法定相続分は2分の1、総体的遺留分も2分の1なので、子1人につき8分の1は残します。妻は4分の3を相続できます。

Case24 家族経営の製造会社を後継者に譲るケース

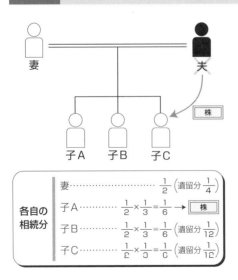

家族経営の会社においては、その株式の多くを社長が保有していることがよくあります。夫が社長である場合に、子の中で特定の者が後継者となるときは、会社の株式を後継者に相続させます。その際、他の相続人の遺留分を侵害しないように配慮する必要があります。妻と子3人のケースでは、株式の資産価値が夫の全財産の12分の7以下であれば、他の相続人の遺留分を侵害せずに、夫の株式全部を後継者に相続させることができます。

第2章
遺言書の書き方と手続き

遺言書の役割について知っておこう

トラブル予防のために遺言書の作成は大切

● 遺言書は法的な効力を持つ

　遺書には法的な効力がなく、**遺言書**には法的な効力があります。遺書は、家族などへのメッセージにはなりますが、たとえば、「妻に全財産を譲る」と書いても法的な効力はありません。一方、遺言書は法的な効力を持つ公式な書類です。代表的な遺言として自筆証書遺言、公正証書遺言、秘密証書遺言の３種類があります。

　遺言書がないと、遺産相続の手続きの中で最も難しい遺産分割協議をする必要が出てきます。遺産分割協議をする際、死亡した人（被相続人）の財産や負債をすべて明らかにする必要がありますが、これが思ったよりも重労働になる可能性があります。遺産相続に必要な書類を集めるのに一苦労する場合があります。

　また、「法律どおりに財産を分ければ問題は起こらないはずだ」という考え方もありますが、不動産や自動車などのように、遺産の中身によっては簡単に分割できない場合も少なくありません。

　そして、何よりも問題になるのは、遺産分割協議における相続人同士の話し合いです。お金がからむことですから、どんな争いが起こるか想像がつきません。どうしても話し合いで決着がつかない場合は、家庭裁判所の調停（裁判官１名と家事調停委員２名の下で相続人同士が話し合う手続き）に持ち込むことになり、それでも決着がつかなければ、家庭裁判所の審判（裁判官が一定の判断を示す手続き）に移行します。こうなると家族の絆も何もあったものではありません。残された家族には、一生消えないしこりが残ることになるでしょう。遺言書を作成することによって、被相続人が自らの意思を明確にしておけ

ば、このようなトラブルを未然に防ぐことも可能なのです。

● 遺言書の作成と税金

　遺言は、「年をとってから作ればよい」と考えがちですが、満15歳以上であれば、1人で遺言をすることが認められるため、早くから準備をすることも可能です。また、遺言書の作成により、直ちに「財産が使えなくなる」「税金が課される」といったことにはなりません。遺言書を書いただけであれば、税金は一切かかりません。後になって相続税の支払いが必要になることはありますが、相続税は、あくまで相続を受けた時点で相続人にかかるものです。

● 遺言が優先するのが原則

　相続といえば、民法が定める法定相続分が原則と考えている人が多いようですが、それは誤解です。遺言による相続の指定がないときに限って、法定相続分に関する民法の規定が適用されます。つまり、遺言者の意思を尊重するため、民法は遺言による相続を優先させています。遺言では相続分の指定だけでなく、遺産分割の方法を指定したり、相続人の資格を失わせたりする（廃除）こともできます。
　このように、遺言の中でとくに重要となるのは、遺産相続に関する事柄です。この他、子を認知することや、未成年後見人を指定することも、遺言によって行うことができます。これらの事柄を記載した遺言は「法律上の遺言」として、法的効力が認められます。しかし、「兄弟仲良く暮らすように」「自分の葬式は盛大にやってくれ」などという遺言を書いたとしても、法律上は何の効力もありません。

● 遺言できる内容は

　遺言による相続の指定は、法定相続分による相続よりも優先されますが、その他にも以下の事項を遺言により行うことができます。

① 財産処分

法定相続人がいるとしても、相続人以外の人に遺産をすべて遺贈（寄附）することができます。相続人の遺留分（47ページ）について遺留分減殺請求権（相続法改正後は遺留分侵害額請求権）を行使される可能性はありますが、遺言それ自体は無効になりません。

② 推定相続人の廃除または廃除の取消

遺言で推定相続人の廃除（相続廃除）やその取消の請求を行うことができます。ただし、遺言執行者が家庭裁判所に相続廃除やその取消を請求するので、遺言で遺言執行者を選任することも必要です。

③ 認知

認知とは、非嫡出子（27ページ）との間に法律上の親子関係を創設することです。遺言による認知も可能ですが、認知の届出は遺言執行者が行うので、遺言で遺言執行者を選任することも必要です。

④ 後見人および後見監督人の指定

子が未成年者の場合、最後に親権を行う被相続人は、遺言により被相続人が信頼している人を後見人や後見監督人に指定できます。

⑤ 相続分の指定または指定の委託

民法が定めている各相続人の法定相続分は、遺言でのみ変更が可能です（相続分の指定）。遺留分の規定に反することはできませんが、これに反していても遺言それ自体は無効になりません。なお、相続分の指定を第三者に委託することも可能です。

⑥ 遺産分割方法の指定または指定の委託

あらかじめ遺言で指定をしておくこともできます。

⑦ 遺産分割の禁止

遺産分割をめぐり相続人間でトラブルになりそうな場合は、遺言により5年以内に限って遺産分割を禁止することができます。

⑧ 相続人相互の担保責任の指定

各相続人は、他の相続人に対して、公平な相続財産の分配を行うた

めに、相続分に応じて担保責任（ある相続人の相続財産に欠陥、数量不足、一部滅失などの問題がある場合に他の相続人が負う責任のこと）を負います。しかし、この担保責任を一切負わないとするなど、相続人が負う担保責任の内容を遺言によって変更することができます。

⑨ **遺言執行者指定または指定の委託**

遺産の登記手続きなど遺言の内容を確実に実行するための遺言執行者を遺言で指定できます。なお、遺言で認知を行うか、相続廃除やその取消を行う場合は、遺言執行者を指定することが必要です。

⑩ **遺留分減殺制度の行使方法の指定**

兄弟姉妹以外の相続人には遺留分が認められます。贈与や遺贈が遺留分を侵害する場合、遺留分権利者は、遺留分減殺請求権（相続法改正後は遺留分侵害額請求権）を行使できますが、特定の贈与や遺贈を選択して行使することまでは認められていません。

遺留分減殺請求権は「遺贈→贈与」の順序で行使することになっていますので（52ページ）、遺言においてこの順序自体を変更することはできません。ただし、遺贈が複数ある場合に、どの遺贈から先に行使すべきかを遺言で指定することは認められています。

■ 遺言できる行為

①	財産処分	⑥	遺産分割方法の指定・その委託
②	推定相続人の廃除・取消	⑦	遺産分割の禁止
③	認知	⑧	相続人の担保責任の指定
④	後見人・後見監督人の指定	⑨	遺言執行者の指定・その委託
⑤	相続分の指定・その委託	⑩	遺留分減殺制度の行使方法の指定

※信託（信託法3条2項）や財産の拠出（一般法人法158条2項）も可能です。

遺言の種類について知っておこう

公正証書遺言作成のためには費用がかかる

● 普通方式の遺言には３種類ある

　遺言には、普通方式と特別方式がありますが、一般的には普通方式によることになります。普通方式の遺言は、自分でいつでも自由に作成できます。一方、特別方式の遺言は、「死期が迫った者が遺言をしたいが普通方式によっていたのでは間に合わない」といったケースで認められる遺言です。具体的には、死亡の危急に迫った者の遺言、伝染病隔離者の遺言、在船者の遺言、船舶遭難者の遺言があります。

　普通方式の遺言には、自筆証書遺言、公正証書遺言、秘密証書遺言の３つがあります。実務上、秘密証書遺言はほとんど利用されていません。そのため、遺言書の作成は、自筆証書遺言か公正証書遺言によることになります。

① **自筆証書遺言**

　遺言者自身が自筆で遺言の全文・日付・氏名を書き、押印した遺言書です。他人の代筆やパソコンで作成したものは無効です。なお、相続法改正により、自筆証書遺言に添付する相続財産の目録は自筆を要しないことになりました（99ページ）。

② **公正証書遺言**

　遺言者が証人２人の立ち会いの下で口述した内容を、公証人が筆記し、遺言者と証人が承認した上で、全員が署名・押印して作成したものです。手続きに不備があると無効になります。

● 公正証書遺言を作りたいときは

　公正証書とは、公証人という特殊の資格者が、当事者の申立てに基

づいて作成する文書で、一般の文書よりも強い法的効力が認められています。公証人は、裁判官・検察官・弁護士などの法律実務経験者や一定の資格者の中から、法務大臣によって任命されます。

　公正証書遺言は、遺言者が公証役場に行き、公証人に対して直接遺言を口述して遺言書を作成してもらいます。公正証書遺言の原本は、原則として作成時から20年間、公証役場で保管されます（実際には遺言者が120歳に達するまで保管する公証役場が多いとされています）。

　公正証書遺言の作成は、まず証人2人以上の立会いの下で、遺言者が遺言の趣旨を公証人に口述します。遺言者に言語機能の障害がある場合は、通訳または筆談によって公証人に伝えます。公証人はその口述を筆記し、遺言者と証人に読み聞かせ、または閲覧させます。そして、遺言者と証人は、正確に筆記されていることを承認した上で、署名押印します。このように、公正証書遺言の場合、立ち会った証人に遺言の内容を知られてしまうことになります。この点はあらかじめ注意しておく必要があるでしょう。

　最後に、公証人が正しい方式に従った遺言であることを付記して、署名押印します。遺言者が署名できないときは、公証人はその旨を付記して署名に代えることもできます。なお、公正証書遺言に押印する印鑑は実印でなければなりません。

　公正証書遺言による場合、遺言者は遺言の趣旨を公証人に口述し、署名するだけです。しかも口述するのは遺言の趣旨だけでかまいません。細かいことを全部述べる必要はありませんし、文章になるように述べる必要もありません。

● 公正証書遺言作成の手続き

　公正証書遺言の作成を依頼するときは、まず遺産のリスト、不動産の地番、家屋番号などの必要資料をそろえます。また、遺言の作成を依頼する時点では、証人の同行は不要です。証人の氏名と住所を伝え

るだけで大丈夫です。証人となる人は、署名をする日に公証役場に行くだけですが、当日は本人確認書類（免許証や住民票など）と認印を持参しましょう。一般的に公証人は、あらかじめ公正証書の下書きを用意してきますので、当日にはこれを参考にして遺言を作成します。

完成した公正証書遺言は、公証役場に保管されますが、遺言の正本1通は遺言者に交付されます。また、遺言書を作成した公証役場で請求すれば、必要な通数の謄本をもらえます。

● 公正証書遺言作成にかかる費用と書類

遺産の金額によって費用が異なりますので、事前に公証役場に電話して確認しましょう。弁護士などの専門家に公正証書遺言の原案の作成を依頼する場合は、遺言の内容や遺言者の財産状況によって費用が変わりますので、これも事前によく確認しましょう。

そして、以下のように、身分関係や財産関係を証明するための書類を事前に用意しておきましょう。

① 遺言者の本人性を証明する

遺言者本人であることを証明するために、原則として、実印と3か月以内に発行された印鑑証明書を用意します（次ページ図）。

② 遺言の内容を明らかにする

遺言の内容には、相続人、受遺者、相続財産が登場します。それらの存在を証明するための書類も準備しなければなりません。具体的には、相続人や受遺者については、戸籍謄本や住民票を用意します（次ページ図）。相続財産については「財産目録」を作成します。とくに不動産については、登記事項証明書を法務局（登記所）で交付してもらうことが必要です。

● 公正証書遺言作成の際の注意点

公正証書遺言を作成する際は、以下のように、嘱託先、証人、遺言

内容、遺留分などに注意する必要があります。

① どこの公証人に嘱託するのか

　遺言者自身が公証役場に行き、公正証書遺言を作成してもらう場合には、どこの公証役場の公証人に嘱託してもかまいません。ただ、遺言書の作成を思い立つときには、遺言者の体が自由にならないケースがよくあります。その場合は、自宅や病院まで公証人に出張してもらうことができます。ただし、公証人の出張先は所属する法務局の管内に限定されるため、近くの公証役場に相談することが必要です。

② 証人を用意しておく

　公正証書遺言を作成するには、証人2名が立ち会わなければなりません。証人は本人確認書類と印鑑（認印でよい）を持参します。証人は誰でもなれるわけではなく、未成年者、推定相続人（相続人になるであろう人）およびその受遺者に加えて、これらの配偶者や直系血族も証人となることができません。利害関係がなく思慮分別のある成人に遺言の作成を証明してもらうためです。

③ 遺言すべき内容を決定する

　ここでの遺言とは、法律上の身分関係や財産関係に限られます。具

■ 公正証書遺言を作成するための資料

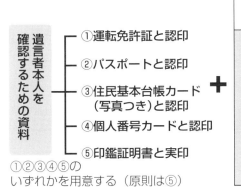

体的には、「誰に何を相続させるか（遺贈するか）」「どのようにして遺産を分割するのか」「誰が遺言を実行するのか」などを内容とします。

④ 「相続させる」という記載

特定の遺産を誰かに譲り渡す場合、その誰かが相続人の中に含まれていれば「相続させる」と表現します。相続人以外の人であれば「遺贈する」と表現します。

たとえば、遺言でAさんが「六甲の別荘を敷地・建物ともにBに相続させる」と表現した場合、すべての相続人による遺産分割協議を経ることなく、六甲の別荘は直ちにBのものになります。「相続させる」という表現により遺産の分割方法を指定したことになるからです。

⑤ 遺留分

兄弟姉妹以外の相続人には、遺留分といって最低限相続できる割合が法律で保障されています。ただ、遺留分を侵害する遺言を行ったとしても遺言自体は有効です。遺留分を侵害された相続人は、遺留分減殺請求権（相続法改正後は遺留分侵害額請求権）を行使して、自らの遺留分を確保できるからです（50ページ）。

もっとも、紛争の火種を残さないように、遺留分に配慮した遺言をしておいた方が無難でしょう。

⑥ 遺言執行者

公正証書遺言の中でも、相続財産を管理し、遺言の執行を行う遺言執行者を指定できます。

● 死期が迫った者がする遺言

特別方式の遺言は、死期が迫った者が遺言をしたいが普通方式によっていたのでは間に合わない、といった場合などに利用することができます。具体的には、①病気などで死亡の危急に迫ったとき、②伝染病で隔離されているとき、③船舶内にいるとき、④船舶遭難の場合に船中で死亡の危急に迫った場合、の4つがあります。

書式　遺言公正証書

遺言公正証書

　本公証人は、遺言者〇〇〇〇の嘱託により、証人△△△△、証人×××の立会いの下、下記遺言者の口述を筆記し、この証書を作成する。

　遺言者〇〇〇〇は、本遺言書により次のとおり遺言する。

第1条（長男の相続分）

　遺言者の長男〇〇△△に、下記の預金を相続させる。

記

① 　〇〇銀行〇〇支店に遺言者が有する普通預金債権（番号〇〇〇〇）の元金及び利息
② 　××銀行〇〇支店に遺言者が有する定期預金債権（番号××××）の元金及び利息

第2条（妻の相続分）

　遺言者の妻〇〇××に、第1条記載以外の遺産のすべてを相続させる。

第3条（遺言執行者の指定）

　遺言者は、本遺言の遺言執行者として下記の者を指定する。

記

　住所　東京都〇〇区〇〇町〇丁目〇番〇号
　　　　弁護士　　××〇〇

以上

本旨外要件

　住　所　東京都××区〇〇町〇丁目〇番〇号
　職　業　会社員
　遺言者　〇〇〇〇　印
　　　　　大正〇年〇月〇日生

上記の者は印鑑証明書を提出させてその人違いでないことを証明させた。
　　住　　所　　東京都××区××町○丁目○番○号
　　職　　業　　会社員
　　証　　人　　△△△△　㊞
　　　　　　　　昭和○年○月○日生
　　住　　所　　○○県○○市○○町○丁目○番○号
　　職　　業　　会社員
　　証　　人　　××××　㊞
　　　　　　　　昭和○年○月○日生
　上記遺言者及び証人に閲覧・読み聞かせたところ、各自筆記の正確なことを承認し、下記に署名・押印する。
　　　　　　　　　　　　　　　　　　　　○○○○　㊞
　　　　　　　　　　　　　　　　　　　　△△△△　㊞
　　　　　　　　　　　　　　　　　　　　××××　㊞
　この証書は民法第九百六拾九条第壱号ないし第四号の方式に従い作成し、同条第五号に基づき下記に署名・押印する。
　平成参拾年○月×日下記本職の役場において
　　　　　　　　　　　　　東京都○○区○○町○丁目○番○号
　　　　　　　　　　　　　東京法務局所属
　　　　　　　　　　　　　　公証人　　　○○○○　㊞

　この正本は、平成参拾年○月○日、○○○○の請求により下記本職の役場において作成した。
　　　　　　　　　　　　　　　　　　　東京法務局所属
　　　　　　　　　　　　　　公証人　　　○○○○　㊞

遺贈と相続の違いについて知っておこう

遺言で相続分の指定があればそれに従う

● 遺言による相続分の指定

指定相続分とは、被相続人が遺言で指定した相続分のことです。たとえば、遺言で「妻の相続分は4分の3、子の相続分は4分の1」のように表現する場合です。特定遺贈（84ページ）が特別受益となるのに対し、指定相続分が法定相続分より多くても、その多い分が特別受益として扱われることはないとされています。

● 法定相続分と異なる遺産承継と第三者との関係について

遺言は法定相続分に優先することから、遺言者は自ら望む形で財産を承継させることができます。仮に遺留分権利者の遺留分を侵害しているとしても、遺言書自体は有効なので、遺言書の内容に従って遺産の承継が行われます（相続法改正後は、遺留分権利者との関係は遺留分侵害額請求権により解決します）。

しかし、改正前の規定によると、法定相続分とは異なる割合で遺産が相続された場合、相続人以外の第三者との関係でどのような法的効力が生ずるかは、必ずしも明確とはいえず、判例の解釈による補充が必要でした。そこで、2018年の相続法改正では、遺言などにより法定相続とは異なる遺産の承継がなされた場合に、第三者との間でどのような法的効力が生ずるかについて明文規定が置かれました。

① 権利（財産）を承継した場合

改正前は、法定相続分を超えて相続財産を取得した場合、その取得を第三者に主張するために、登記などを備える必要があるか否かについては、取得方法により異なる取扱いがなされていました。

たとえば、遺言書に「甲不動産をAに遺贈する」と書かれていた場合、特定遺贈にあたるため、登記をしなければ第三者に主張できないとしていました。逆に「甲不動産をAに相続させる」と書かれていれば、遺産分割方法の指定にあたるとして、登記をしなくても第三者に主張できるとされていました。しかし、これでは遺言の内容を知り得ない第三者の取引の安全を害することにもなりかねません。

　相続法改正では、相続財産の取得方法を問わず、法定相続分を超える部分の相続財産の取得については、登記や引渡しなどの対抗要件を備えない限り、第三者に対抗できない旨が明文化されました。

　たとえば「甲不動産を相続人Aに相続させる」との遺言書があるのに、他の相続人BがAに無断で第三者Cに甲不動産を売却した場合、AはCよりも先に甲不動産の相続登記を備えなければ、Cに対し甲不動産の所有者が自分だけである旨を主張できなくなります。ただし、法定相続分である持分2分の1については、相続登記がなくても主張できますので、AがCに単独所有を対抗できなければ、甲不動産はAとCの共有（持分は各2分の1）となります。

② 債権を承継した場合

　法定相続分を超える債権を承継した場合も、対抗要件を備える必要がありますが、債権の場合は「債務者に対する対抗要件」と「第三者に対する対抗要件」のいずれも備える必要があります。

　たとえば、被相続人がAに対し1000万円の金銭債権を持っていた場合で、相続人B・CのうちBが遺言によりこの金銭債権を単独で取得したとします。改正前は、相続による権利の承継についても通常の債権譲渡と同様に考えられるとして、共同相続人全員を譲渡人とする債務者に対する譲渡通知が必要とされていました。つまり、相続人B・CからAに対して譲渡通知を送る必要がありました。

　相続法改正では、相続により債権を承継した相続人が、遺言や遺産分割の内容を明らかにして債務者に通知したときは、共同相続人全員

が債務者に対し譲渡通知をしたものとみなす旨の明文規定が置かれます。つまり、Bが遺言の内容を明らかにしてAに通知すれば、B・Cが譲渡通知をしたものとみなされるので、B単独によるAへの通知をもって、Aに対して債権の承継を主張できることになります。

■ 権利の承継

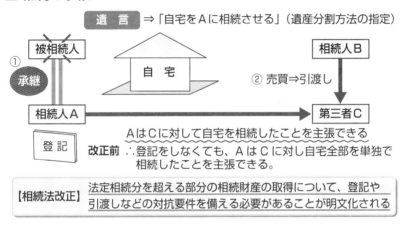

■ 義務の承継

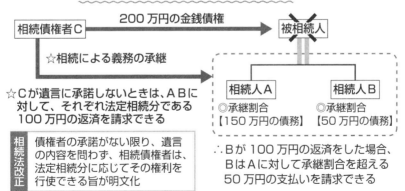

さらに、Bが上記のAへの通知に確定日付を付けることで、第三者に対する対抗要件も同時に具備されます。

③ 義務を承継した場合

被相続人が負っていた借金などの債務（相続債務）について、遺言書で承継の割合が指定されていた場合はどうでしょうか。

相続法改正では、相続債権者（相続債務の債権者）の承諾がない限り、相続分の指定がなされた場合であっても、相続債権者は、法定相続分に応じてその権利を行使できる、という改正前の下での運用が明文化されました。

たとえば「Cからの借入金200万円については、相続人Aが150万円、相続人Bが50万円を返済するものとする」との遺言書が残されていても、相続債権者Cの承諾がない限り、相続人A・Bは、それぞれ法定相続分である100万円の返済義務を承継します。その結果、相続債権者Cは、A・Bに対して、それぞれ100万円を返済せよと請求することができるわけです。

なお、相続人間では遺言書に記載された承継割合が有効とされることから、承継割合を超えて相続人が相続債権者に弁済した場合は、他の相続人に対し、承継割合を超える部分の支払い（償還）を請求することができます。前述の例では、BがCに100万円を返済した場合、BはAに対し、自らの承継割合（50万円）を超える50万円の支払いを請求することができます。

● 遺贈について

遺贈とは、遺言による財産の贈与のことです。相続人だけでなく、相続人以外の第三者に対しても、遺贈を行うことができます。なお、遺贈と同様に、贈与者が死亡することによって財産の贈与が生じるものに、**死因贈与**があります。もっとも、死因贈与は、あくまでも当事者間の契約の一種ですので、遺言という遺言者の一方的な意思表示

(単独行為)によって効果が生じる遺贈とは、明確に区別する必要があります。これに対して、当事者間の契約によって財産の贈与が行われる点では、死因贈与と同様ですが、贈与者が死亡後に効力が発生するのが死因贈与であり、贈与者が生前の間に財産が贈与される契約を**生前贈与**といいます。

もっとも、遺贈と死因贈与には、性質が共通している部分も少なくありません。そこで、民法は死因贈与に関して、遺贈に関する規定を準用するという内容の規定を置いています。

遺贈を含めた遺言の制度は、被相続人の生前における最終意思を法的に保護し、その人の死後にその実現を図るために設けられているものです。自分の死後のことについて、生前に財産分けを口にするとかえってトラブルになることもありますし、生前には伝えたくないこともあります。そこで、民法は遺言の制度を設けたわけです。

遺言は、民法で定められた普通方式または特別方式を備えた遺言書(72ページ)を作成した場合に限り、法的効力が与えられます。

遺言に記載する事項は、一般には財産処分に関することがほとんどです。財産を与える人(遺言をした人)を**遺贈者**といい、財産をもらう人を**受遺者**といいます。遺贈は遺贈者が受遺者に対し財産を与えるものですが、人の死亡を原因として財産を取得するという点では相続

■ 相続・遺言・死因贈与・生前贈与

	内容	相続人・受遺者	課せられる税
相続	被相続人の死亡によって財産が移転	一定の身分関係の人が相続人になる	相続税
遺贈	遺言書による財産の一方的な贈与	遺言者が指定した受遺者	相続税
死因贈与	人の死亡を条件とする贈与契約	贈与者が指定した受贈者	相続税
生前贈与	生前に財産を無償で譲渡する贈与契約	贈与者が指定した受贈者	贈与税

と同じですから、受遺者には贈与税でなく相続税が課税されます。

　受遺者については、遺贈者が自由に決めることができます。配偶者や子などの相続人はもちろん、内縁の配偶者、相続権のない親族（孫や兄弟姉妹など）、血縁関係のない第三者でもかまいません。会社やNPOなどの法人に遺贈することもできます。

　ただし、遺贈に際しては遺留分に注意しなければなりません。遺留分を侵害した財産処分も法的には有効ですが、後日、受遺者に対し遺留分減殺請求権（相続法改正後は遺留分侵害額請求権）が行使され、受遺者がトラブルに巻き込まれるおそれがあるからです。

● 分割方法の指定がある場合、ない場合

　遺言で全遺産について遺産分割方法の指定があれば、相続開始と同時に、遺言に基づいて当然に遺産が分割され、遺産分割協議の余地はありません。ただし、相続人や受遺者の全員が同意すれば、遺産分割方法の指定がないものとして、あらためて全員で遺産分割をすることができます（遺言執行者がいる場合は、その同意が必要です）。

　一方、遺言で全遺産について遺産分割方法の指定がない場合は、遺贈の態様によって遺産分割が必要になることがあります。

① 　特定遺贈の場合

　特定遺贈とは「不動産はAに、株式はBに」というように、遺言者の有する特定の財産を具体的に特定して無償で与える遺贈です。特定遺贈の対象となった財産は、遺産分割の対象から外れますから、残りの財産について遺産分割協議をすることになります。その際、特定遺贈がなされた分（遺贈額）については、特別受益（41ページ）として扱われることに注意を要します。なお、遺言により全遺産を遺贈していれば、遺産分割の余地はありません。

② 　包括遺贈の場合

　包括遺贈とは、遺言者が財産の全部または一部を一定の割合を示し

て遺贈する方法で、全部包括遺贈と割合的包括遺贈があります。

全部包括遺贈の場合は、遺産分割を経ることなく、相続開始と同時に、すべての資産と負債が当然に受遺者に移転します。

割合的包括遺贈とは、たとえば「Aに全財産の3分の1を、Bに全財産の4分の1を遺贈する」「全財産の30％を○○に遺贈する」というものです。この場合は、その割合を基準とした遺産分割が必要になるのが原則です。

遺贈の放棄

財産だけでなく借金があった、あるいは遺産そのものがほしくないなどの事情があれば、受遺者は遺贈を放棄できます。遺贈の放棄の方法は、特定遺贈と包括遺贈で異なることに注意を要します。

特定遺贈の放棄は、いつでも行うことができ、相続人や遺言執行者に対して放棄の意思表示を行います。特定遺贈を放棄すると、遺言者の死亡の時点に遡って、その効力が生じます（特定遺贈がなかったことになります）。

包括遺贈の放棄は、相続放棄（34ページ）と同様に扱われます。そのため、包括遺贈の受遺者となったことを知ったときから3か月以内に、家庭裁判所に申述して放棄を行う必要があり、遺産を処分したり隠匿した場合は、包括遺贈の放棄ができなくなります。

■ 遺贈の概要

内容	遺言による財産の一方的な贈与
受遺者	遺贈者が自由に決定可（受遺者との合意は不要）
受遺者の死亡	受遺者が被相続人よりも先に死亡 ➡ 遺贈は無効
遺贈の放棄	特定遺贈の場合、被相続人の死亡後ならいつ放棄しても可。包括遺贈の場合、受遺者となったことを知ったときから3か月以内であれば可。

遺言書を書くときの注意点について知っておこう

遺言書に書く内容は自由である

● 用紙と使用する文字

　遺言は法律が定める形式で作成することが必要ですが、遺言書を自分で書くときは「自筆証書遺言」の形式を用いるのが一般的です。自筆証書遺言を作成する用紙は自由です。原稿用紙でもよいですし、便せんやメモ用紙でもかまいません。筆記用具も自由ですが、偽造などを防ぐため、消去しにくい筆記用具を用いるようにします。

　自筆証書遺言は遺言者の自筆によることが必要ですから、パソコンなどで作成した自筆証書遺言は無効です。印字された文字は遺言者の意思が読み取りづらく、偽造なども容易であるためです。印字された書面に手書きで署名し、押印しても無効です。他人による代筆や自筆した遺言書を写した写真やコピーなども認められません。ただし、視力を失った人が他人の助けを得て筆記することは許される場合があります。なお、相続法改正では一部要式が緩和されています（99ページ）。

　一方、使用する文字の制限は規定されていないため、漢字、ひらがな、カタカナ、ローマ字などを用いることができます。方言や家族内での通用語を用いてもよいですし、速記記号、略符、略号でもかまいませんが、一般人が理解できるように心がけて書くべきでしょう。

● 相続人名簿と財産目録を作る

　遺言書を書くときは、人名や遺産の指定を間違えないように注意する必要があります。家屋や土地の所在地や地番の間違いは意外に多いようです。また、人名の書き落としも多いです。遺言書を作成するときは、必ず相続人名簿と財産目録も作っておきましょう。

■ 遺言書の作成方法

遺言書

[遺言書とわかるようにはっきりと「遺言書」と書きます]

　遺言者○○○○は本遺言書により次のとおり遺言する。

1　遺言者は妻○○に次の財産を相続させる。

[相続人に対しては「相続させる」、相続人以外に対しては「遺贈する」と書きます]

　① 遺言者名義の土地

　　所在　静岡県伊東市一碧湖畔二丁目

　　地番　25番

　　地目　宅地

　　地積　100.25平方メートル

[土地や建物の表示は登記簿に記載されている通りに記載します]

　② ○○銀行○○支店遺言者名義の定期預金（口座番号××××
×）すべて

[受遺者の氏名、生年月日、遺贈する財産を記入します]

2　遺言者は、東村和子（東京都世田谷区南玉川1－2－3、昭和30年8月23日生）に、遺言者の東都銀行玉川支店の普通預金、口座番号1234567より金弐百万円を遺贈する。

3　その他遺言者に属する一切の財産を妻○○に相続させる。

4　本遺言の遺言執行者として次の者を指定する。

[具体的に記載しなかった財産の相続人についても記載しておきます]

　　住所　東京都○○区○○町○丁目○番○号

　　氏名　○○○○

[遺言執行者を指定する場合には遺言執行者の住所・氏名を書きます]

[預貯金の場合には支店名・口座番号も記載しておきます。改ざんを防ぎたい場合には算用数字より多角文字を使用した方がよいでしょう]

5　付言事項

　妻○○は、苦しい時代にも愚痴ひとつこぼさず、ひたすら遺言者を支え続け、子どもたち2人を立派に育ててくれた。子供たち2人はこれからも、お母さんの幸せを温かく見守ってやってほしい。

平成○○年○月○日

[家族への思いなどについては、最後に「付言事項」として書き残します]

　　　　　　　　　　　　　東京都○○区○○町○丁目○番○号

　　　　　　　　　　　　　　　　遺言者　○○○○　㊞

[作成日付・遺言者の住所・氏名を、正確に記載し、押印します]

● 遺言の内容に工夫が必要

　遺言の記載内容について疑問がなければ、争いが起こらないかというと、そうでもありません。そのため、遺言の内容について少し工夫が必要です。つまり、なぜそのような相続分の指定にしたか、その人に特定の財産を相続させるか、という根拠を書いておくようにすべきです。自筆証書遺言であれば、遺言書自体に書いてもかまいませんし、公正証書遺言であれば、別のメモでそれを補うこともできます。

● 遺言者の意思能力の立証

　遺言書があるとともに、それを作成した当時、本人が正常な判断能力を有していたことを証拠立てておくことはとても大切なことです。
　その方法としては、「本人が自筆の書面を書いておく」「医師の診断を受けて精神状況の診断書をとっておく」などが考えられます。

● 署名をする

　署名は自筆で氏名を書きます。自筆証書遺言を作成する場合は、遺言者本人が日付と氏名を自署し、押印しなければなりません。氏名とは、原則として戸籍上の姓名のことですが、遺言者だと判断できれば、通称や名前だけの記載でもかまいません。署名が雅号、芸名、屋号、ペンネームなどであっても、遺言者との同一性が示せるものは有効ですが、混乱を生じさせないためにも、署名は戸籍上の姓名で記載することをおすすめします。

● 遺言書に押す印鑑はどうする

　自筆証書遺言と秘密証書遺言の遺言書の押印は、拇印（指先に朱肉をつけ、指を印の代わりにして指紋を残すこと）でもよいと考えられています。しかし、遺言者本人のものかどうかの判読が難しいため、できれば実印を押しておくべきでしょう。

遺言者の死後、遺言書に押印がないのを知った相続人などが、後から印鑑を押すことは、遺言書の偽造または変造にあたるので、印鑑を押した人は相続欠格（32ページ）になる可能性があります。

● 遺言書に署名押印がないときは

普通方式の遺言は、遺言者の署名押印がなければ無効です。署名押印の場所は問いません。ただし、普通方式の遺言について署名押印が遺言書自体にはなく封書にある場合、遺言書と一体の部分に署名押印があったとして、その遺言を有効とした判例があります。

なお、封印のある自筆証書遺言や秘密証書遺言は、家庭裁判所において、相続人（またはその代理人）の立会いの下で開封しなければなりません。また、秘密証書遺言は署名押印の他、封印をして公証人と証人2名の署名押印を封筒に記載してもらうことが必要です。

● 契印や割印をしておく

遺言書に書くことが多いため、遺言書が複数枚になっても、1つの封筒に入れておけば同一の遺言書とみなされます。ただ、ホチキスなどでとじておいた方が確実です。割印や契印（紙の綴目に印を押すこと）については、法律上の定めがないので、とくに必要とされていません。しかし、遺言書をめぐるトラブルを避けるためには、契印や割印をしておく方が安全だといえます。

■ 遺言書が複数枚になるとき

● 遺言書を封筒に入れる

　自筆証書遺言を封筒に入れる場合は、封印（封をしてから、その証拠として印を押すこと）をする必要はありません。封印された遺言書の開封は、家庭裁判所で行わなければなりませんので、相続人としては封印をしないでもらった方がよいかもしれません。

　しかし、遺言書の偽造・変造の疑いをかけられるなど、トラブルに発展することもあるので、封印は一長一短です。封印するときは、封筒の表に「遺言書」と書くだけでなく、「遺言書の開封は家庭裁判所に提出して行わなければならない」と書いておきましょう。

● 遺言書が複数枚見つかったときは

　遺言書が数通ある場合として、相続人別に遺言書を書いたときや、前に書いた遺言書を破棄しないまま新しく遺言書を書き直したときなどが考えられます。法律的に正しい形式を備えて作成されている遺言書であれば、いずれの遺言書も有効です。ただし、数通の遺言書の内容に矛盾がある場合には、矛盾している部分については、新しい日付の遺言書の内容が有効になります。

　なお、遺言書が2通見つかった場合に、2通の作成日が同じであれば、作成時刻が書かれていない限り、どちらが新しいかがわかりません。この場合、内容に矛盾がある部分については、両方の遺言書が無効とされる可能性がありますが、無効となるのは矛盾する部分についてだけであり、遺言書の全体が無効となるのではありません。

　さらに、1通は公正証書遺言、もう1通は自筆証書遺言という場合も考えられます。この場合も、遺言の内容についての効力は、作成日の前後によります。たとえば、法律上の形式を備えていれば、後から作成する遺言書がどんな方式であっても、矛盾する部分については、前にした公正証書遺言が取り消されたことになります。

● 遺言を取り消したいとき

　遺言の取消は遺言によって行います。また、遺言者が遺言書を破棄すると、遺言を取り消したことになります。しかし、「書面が偶然に破れた」「他人が破った」というような場合は「破棄」にあたらず、遺言があったことを証明できれば、遺言は有効となります。
　遺言の取消のケースは、以下のように分類されます。なお、遺言の取消をさらに取り消すことは原則としてできません。

① **前の遺言と後の遺言とが矛盾するとき**
　前の遺言と異なる内容の遺言をすれば、前の遺言の矛盾する部分は、後の遺言により取り消したものとみなされます。

② **遺言と遺言後の行為が矛盾する場合**
　別の遺言書を書かなくても、前の遺言で相続や遺贈の目的物となっていたものを売ってしまえば、遺言を取り消したものとみなされます。遺言者が故意に相続や遺贈の目的物を破棄したときも同じです。

③ **遺言者が故意に遺言書を破棄したとき**
　遺言書を故意に破棄すれば、破棄した部分について遺言を取り消したとみなされます。

④ **遺言書の文面全体に赤ボールペンで故意に斜線を引いた場合**
　近時、遺言者が文面全体に赤ボールペンで故意に斜線を引いた自筆証書遺言の効力が争われた事案で、最高裁は無効と判断しました。赤色ボールペンで文面全体に斜線を引く行為が、一般的に遺言書に記載された内容をすべて取り消す意思の表れだと評価されたからです。
　よって、遺言者が遺言書全体に斜線を引いた場合は「遺言者が故意に遺言書を破棄したとき」にあたり、遺言が無効になります。

● 遺産分割後に見つかった遺言書

　遺産分割後に遺言書が見つかったときは、原則として遺産分割が無効になります。また、ある相続人が遺言書を隠匿していた場合は、そ

の相続人が相続欠格によって相続権を失う結果、相続人の変化が生じますから、これによる遺産分割の無効の問題も生じます。以下、いくつか特殊な場合を考えてみましょう。

① 認知の遺言

相続開始後に認知があった場合にあたるので、遺産分割は無効とならず、認知された子から相続分相当の価格賠償が請求されます。

② 廃除または廃除取消の遺言

その後の家庭裁判所の審判で廃除または廃除取消が確定すると、遺産分割に加わる者が変わるため、遺産分割は無効になります。

③ 単独包括遺贈の遺言

単独包括遺贈とは、遺産の全部を1人に遺贈するものです。単独包括遺贈により単独取得となりますから、遺産分割は無効です。以後は分割の対象がなくなり、再分割の協議は必要ありません。

④ 特定遺贈の遺言

特定遺贈の対象財産は分割の対象外となりますから、その限度で遺産分割は無効になります。また、遺言が遺産分割全体に対する影響を及ぼすものであれば、その全体が無効になります。

■ 遺言内容の変更

遺言書の種類	目的	方法
自筆証書遺言	加入・削除・訂正	遺言書に直接書き込んで変更
	取消	● 遺言書の破棄 ● 遺言を取り消す旨の遺言書を作成
公正証書遺言	加入・削除・訂正	遺言を変更する旨の遺言書を作成
	取消	遺言を取り消す旨の遺言書を作成
秘密証書遺言	加入・削除・訂正	遺言を変更する旨の遺言書を作成
	取消	遺言書の破棄

代筆や文字の判読、日付の記載、訂正をめぐる問題について知っておこう

日付は遺言書の絶対要件である

● 遺言書の代筆は認められるのか

　自筆証書遺言は、遺言者本人の自筆であるのが絶対条件ですから、代筆は一切認められません。自筆証書遺言は添付資料を含め、すべて自筆すべきであると考えておくことが必要です。なお、相続法改正により、財産目録は自筆以外でもよいことになりました（99ページ）。

　自筆証書遺言について、本人の自筆による遺言であることが証明されなければ、その遺言は無効となります。自筆かどうかが争われた場合は、主に作成時の状況によって判断します。

　では、自筆で遺言を書く意思はあっても、病気のために文字がうまく書けないので、他人に介添えをしてもらって書いたような場合はどうでしょうか。この場合は、介添えの程度によって、遺言が有効か無効かを判断します。介添えが遺言者が文字を書くためのもので、しかも遺言の内容に介添人の意思が介入した形跡がない場合に限り、そのような遺言が有効になると考えられています。最高裁判決は比較的厳格な立場から、自筆証書遺言の成立に必要なのは、遺言者に文字を認識することができ、それを筆記する能力であり、これは視力を失った場合などにも喪失するものではないとします。そして、介添えが許されるのは、用紙の位置に手を置くための補助を行うなど、遺言者が、自らの意思で手を動かして筆記できる状態が確保されていなければならず、それ以外の介添えによる場合は、自筆証書遺言とは認めません。

● 遺言書の文字が判読できないとき

　遺言書が判読できない状態としては、遺言書の破損・摩滅により文

字がうすれていて物理的に読めない場合と、自筆が乱れており文字自体が読みにくい場合の2つの状態が考えられます。

　遺言書の文字が判読できない場合、それが遺言者の意思による破棄であれば、その破棄された部分については遺言が取り消されたとみなされます。また、汚れなどの原因により判読不可能となっている部分は無効になります。これが遺言者以外の相続人や受遺者による意図的な（故意による）破棄であるときは、その人は相続欠格とされ、相続人としての資格を失います。なお、この場合は破棄された箇所も遺言としての効力は失われずに有効とされます。

　相続人が遺言書の文字を判読できないときは、自筆証書遺言の効力を認めることができません。もっとも、判読できないから直ちに無効だと結論づけることなく、作成時の状況や遺言者の真意から、可能な限り判読するよう相続人間で協議し、協議が調わなければ、家庭裁判所での調停を試み、それでも結論が出ない場合は訴訟を提起して判断してもらうべきでしょう。

　裁判では、主に作成時の状況から、判読できるか否か、判読できるとするとどのように判読するかを争うことになります。この際、筆跡鑑定を採用することは原則としてありません。裁判所は、筆跡鑑定の有用性については疑問を抱いているからです。実際には、相続人間の協議で結論を出して妥協するケースが多いようです。

● 日付の記載がないときは無効となる

　自筆証書遺言は、遺言書の全文・日付・氏名を自書した上で、押印しなければなりませんが、その際に記入する日付は、実際に存在する特定の日を表示する必要があります。日付の記載がない、あるいは存在しない日付を記載した自筆証書遺言は無効です。

　遺言書に日付の記載が要求されるのは、遺言者が遺言を作成した時点でその遺言者に遺言するだけの能力があったかどうか判断するポイ

ントになるからです。また、内容が相互に矛盾する遺言書が２つ以上見つかった場合、内容が矛盾する部分については、最も新しい日付の遺言書が有効とされます。

　遺言書に記載する日付は「平成○年○月○日」「西暦２０○○年○月○日」のように、明確な年月日を用います。元号でも西暦でもよいですし、漢数字でも算用数字でもかまいません。数字の表記は「二十三」「二三」「弐拾参」「23」のいずれの書き方も認められます。なお、「平成○年○月吉日」のような書き方は、「吉日」では日付を特定できないため無効とされます。一方、「平成○年の誕生日」「満60歳の誕生日」のような書き方であれば、年月日を特定できるので有効です。

　もっとも、日付は遺言の正当性を証明する絶対要件ですから、「平成×年×月×日」ときちんと書くのが一番よいでしょう。

● 遺言の年月日が間違っている場合

　原則として遺言に記載された年月日が遺言の日付ですが、明らかに日付が間違っているケースもあります。たとえば、①「２月30日」というように暦に存在しない日付である場合、②「明治７年」のように事実上あり得ない古い日付である場合、③遺言書記載の年月日に遺言者が大手術の最中であったことが明らかで、その日に遺言者が遺言を書くことがあり得ない場合などがあります。

　日付に誤りのある遺言は無効とするのが原則です。しかし、遺言に日付の記載が要求されるのは、手形などの技術的要求とは異なり、遺言者の最終的な真意確認のためです。この真意確認の観点からすると、明白な誤記については有効と考えることもできます。つまり、遺言に記載された内容や趣旨に照らし合わせて、日付が誤記であることが明白であり、特定の年月日の記載があると認められる場合には、その遺言は有効であると判断される可能性があるといえるでしょう。

● 遺言書の内容を変更する場合の注意点

　自筆証書遺言や秘密証書遺言について、遺言書に加入・削除・訂正をする場合、変造防止のため、以下のような厳格なルールが定められています。加入・削除・訂正がルールに従ったものでない場合は、遺言書の内容の変更がなかったものとして扱われます。

① 遺言書に文字を加入する場合は遺言者の印を押し、遺言書の文字を削除・訂正する場合は原文が判読できるように2本線で消し、変更後の文言を書き入れます。
② それぞれの変更後の文言を書き入れた部分に、遺言書に押印した印鑑と同じものを押します。
③ 変更した部分の左部または上部欄外に「本行○字加入○字削除」などと付記するか、遺言書の末尾に「本遺言書第○項第○行目○字加入」などのように付記します。
④ 付記した部分に、遺言者本人が署名します。

● 遺言書を書き直す場合

　相続財産などの状態は常に変動しますから、毎年、遺言書を書き直すというのはよいことです。

■ 自筆証書遺言の訂正例

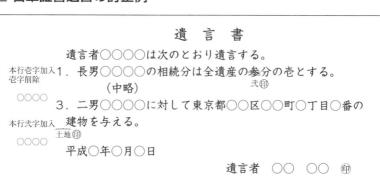

全文にわたって書き直すのが大変なときは、まず基本的な遺言書を作成して、これを部分的に訂正する遺言書を毎年書くということでもよいでしょう。これにより、後の遺言書と矛盾する部分については、前の遺言書の該当部分が取り消されることになります。

● 遺言書の改ざんと相続欠格

遺言書の内容を変更する場合のルールに従い、遺言書を訂正することができるのは、遺言者本人だけです。遺言者以外の人が遺言書を改ざん（変造）しても、その改ざんした部分は無効です。いかに改ざんされても、元の遺言書自体は有効で、改ざんされていないものとして扱われます。改ざんは遺言者の意思ではないわけですから、遺言が取り消されることはありません。

相続人が被相続人の遺言を改ざんした場合、「相続に関する被相続人の遺言書を偽造し、変造し、破棄し、または隠匿した者」は相続人の欠格事由とされているため、改ざんを行った相続人は、相続開始時点に遡って相続人の資格を失います。民法は、相続人が死後の財産の行方について自由に決定できるように、遺言制度を認めています。そのため、無断で遺言書に自分自身が多く利益を得るように改ざんするなどして、遺言の自由を不当に侵害した相続人について、相続権を剥

■ 遺言書の訂正・改ざん

遺言者自身による訂正
↓
訂正後の遺言が有効

偽造　遺言者以外の者による改ざん　変造
↓
改ざん後の遺言は無効
（改ざん前の遺言が有効）

奪するという制裁を与えています。

　遺言者本人による訂正であっても、訂正前後の筆跡が違って見えるようであれば、改ざんしたと疑われる可能性がありますので、なるべく訂正はしない方がよいでしょう。さらに、遺言書の保管には細心の注意を払う必要があります。

● 自筆証書遺言の要件の緩和について

　自筆証書遺言は、全文・日付・氏名を自書し、これに押印することによって作成されます（72ページ）。パソコンなどによる自筆証書遺言の作成は認められておらず、自筆証書遺言の作成に際しては自書能力が必要になります。しかし、判読不能な部分は無効となることから、せっかく自書（手書き）で遺言書を作成しても、その効力について争いが生じるケースも少なくありません。

　とくに自筆証書遺言は死期が差し迫った状況で作成されることが多いことから、そうした中で全文自書を要求する改正前の規定は、その形式的要件（有効となるための方式）が厳しすぎるとの指摘がなされていました。つまり、自筆証書遺言は、いつでもどこでも作成できる利点がある一方、形式的要件が厳しすぎることが問題でした。

　2018年の相続法改正においては、改正前よりも比較的容易に自筆証書遺言を作成できるように、形式的要件を緩和する方向で改正が行われています。

　遺言書において、ある財産を特定の人に相続させ、または遺贈するためには、その財産を特定することが必要です。たとえば、土地の場合には、その土地の所在、地番、地目、地積といった事項を記載して特定する必要があります。また、銀行預金の場合には、銀行名だけでなく、支店名、口座の種類（普通または当座）、口座番号、口座名義人などを記載して特定する必要があります。

　相続法改正では、これらをすべて自書することは非常に煩雑である

ことから、財産目録を別紙として添付する場合は、その財産目録への署名押印を条件として自書を不要とし、他人による代筆やパソコンによる入力の他、登記事項証明書や通帳の写しを添付しても有効と扱われることになりました。

つまり、相続法改正では、自筆証書遺言を遺言事項と財産目録とに分けて、遺言事項（全文・日付・氏名）については、改正前と同じく自書を要求しています。一方、財産目録（添付書類）については、自書を不要とすることで形式的要件を緩和しています。

ただし、自書によらない財産目録が複数ページに及ぶ場合は、すべてのページに署名押印が必要です。また、自書によらない財産目録が両面にある場合は、その両面に署名押印が必要です。これは形式的要件が緩和されることで、偽造や変造が容易になることを懸念しての措置となります。

なお、自書によらない財産目録の内容を変更（追加・除外・訂正）する場合は、遺言者が変更場所を指示し、その内容を変更した旨を付記し、これに署名押印しない限り、変更の効力は生じないとする規定が置かれています。

■ 自筆証書遺言の方式の緩和

改正前	改正法
すべての事項について自書が要求されていた	①財産目録を別紙として添付する場合は、自書でなくてもよく、パソコンなどで入力しても有効である ②第三者の代筆や、登記事項証明書、通帳のコピーなどを添付してもよい ③財産目録が複数ページに及ぶ場合や両面にある場合は、すべてのページに署名押印が必要である

法律上の形式に反する遺言の効力について知っておこう

遺言は必ず遺言者の意思によらなければならない

◉ 口頭による遺言の効力は

　遺言が有効に成立するためには、民法が定めた方式に従って遺言書を作成する必要があります。遺言者が単に口頭で述べただけのものは、有効な遺言ではありません。

　ただ、遺言者が口頭で述べて成立する遺言もあります。公正証書遺言の場合には、本人が署名できないときは、公証人がその旨を付記することで、遺言が有効に成立します。

　また、特別方式による遺言には、遺言者の口述によるものもありますし、署名押印ができない場合の特別規定もあります。民法が定めた方式に従って作成されていれば、その遺言は有効です。ただし、証人や立会人の署名押印は必要です。

◉ ビデオテープやDVDなどの使用

　本人が登場して遺言内容を述べているビデオテープやDVDなどは、遺言として認めてもよさそうです。しかし、遺言の形式的要件である本人の署名押印などを備えていないので、ビデオテープやDVDなどに記録した遺言は、法的効力をもつ遺言とはなりません。

　ただ、本人の自発的意思による遺言であることがわかるように、病床での遺言作成の模様を録画するということでしたら、後日のトラブルを予防する効果があるでしょう。また、ビデオテープやDVDなどに録画した内容を記録させておけば、第三者に遺言書が破棄されてしまったとしても、遺言書が存在したことや、その内容についての証拠になることもあります。

● 障害のある人がする遺言

公正証書遺言は、従来、遺言者から公証人への口述、公証人による読み聞かせが厳格に要求されていたため、障害者にとっては非常に不便な制度でした。しかし、平成11年の民法改正により、遺言者の聴覚・言語機能に障害がある場合には、口述の代わりに手話通訳か筆談で公証人に伝えること、公証人による内容の確認は手話通訳か閲覧の方法ですることが認められています。

また、点字機による自筆証書遺言は認められませんが、秘密証書遺言は点字機によることもできますが、署名押印は自ら行うことが必要です。一方、全盲の遺言者であっても、普通の文字で自筆証書遺言を書くことができれば、有効な遺言を作成することができます。

● 共同遺言は認められるのか

共同遺言とは、2人以上の人が、1つの遺言書によって遺言をすることです。民法では共同遺言を禁止しています。たとえ夫婦がお互いの自由意思に基づいているとしても、その夫婦が1つの遺言書で遺言をすることはできません。

遺言は遺言者の真意が明確に表現されることが重要です。しかし、2人以上の人が同じ遺言書に遺言をしてしまうと、どの部分が誰の遺

■ 法律上の形式に反する遺言

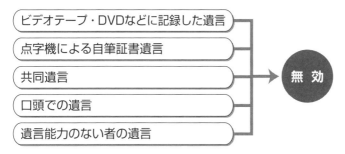

言であるのかを特定することが困難になりかねません。これでは遺言者の死後に、遺言の内容をめぐってトラブルが生じますので、民法では共同遺言を禁止しているのです。財産をどのように処分するか（誰に相続させるかなど）について、夫婦間で相談して決めるのは自由ですが、遺言書は必ず別々に書くことが必要です。別々の書面に書くのであれば、同じ日に遺言書を作成してもかまいません。

● 遺言書を無理に書かせた場合

　遺言は遺言者の真意によるものでなければなりません。たとえば、強迫や詐欺により無理に書かせた遺言は、遺言者の真意による遺言ではないので、これを取り消すことができます。

　また、無理に遺言を書かせた者が相続人であれば、遺言が取り消されるばかりか、その相続人は相続欠格となり、相続人としての資格を失うことになります（遺贈を受けることもできません）。

　さらに、遺言者が気を失っていたり、病気のために判断能力や手を動かす能力がないのに、手をとって無理に書かせた遺言は、本人が書いたとはいえませんから、遺言が無効とされます。

● 遺言能力を有しない者が書いた遺言

　遺言が有効に成立するためには、遺言者が**遺言能力**（遺言の内容を理解し、判断する能力のこと）を備えていることが必要です。15歳未満の未成年者には遺言能力が認められていませんし、また認知症や精神上の障がいなどにより遺言能力がないとして遺言の効力が争われるケースも増加しています。遺言能力がないと判断されれば、遺言自体が無効になります。後日の紛争を避けるため、遺言能力に疑いが生じうる可能性がある場合は、公正証書で遺言を作成し、かつ遺言時における医師の診断書を取得するなど、遺言能力があった証拠を残しておくようにしましょう。

7 遺言執行者について知っておこう

遺言で遺言執行者を指定する

● 遺言執行者とは

　遺言には、相続人と利益が相反する内容や、相続人間の利益が相反する内容を含む場合があります。こうした場合は、遺言執行者が必要になります。**遺言執行者**とは、遺言の内容を実現するため、遺言の執行に必要な一切の行為をする権利義務を有する人のことで、相続財産の管理や処分などに関する権限を持っています。

　この点から、遺言執行者は相続人全員の代理人とみなされます。このことを明確にするため、2018年の相続法改正では、遺言執行者がその権限内で遺言執行者であることを示してした行為は、相続人に対して直接にその効力が生じることが明記されました。

　これに対し、遺言書に遺言執行者の指定（または指定の委託）がないときは、遺言の執行としての不動産登記の申請、預貯金の名義変更など、相続手続きの一切を相続人全員で行うことになります。なお、遺産分割協議が成立しても、所有権移転登記をする際には、登記申請書に相続人全員の実印が必要です。

● 遺言執行者の指定や解任など

　遺言執行者は、遺言によってのみ指定することができます。遺言執行者に指定されても辞退できますから、遺言をするときは、遺言執行者を引き受けてもらえそうな人を指定する必要があります。相続人や法人も遺言執行者になる資格がありますし、2人以上を遺言執行者として指定することも可能です。

　遺言執行者は、就任を承諾した場合には、その任務を行わなければ

なりません。相続法改正により、遺言執行者は、任務を開始したら遅滞なく、相続人に遺言の内容を通知しなければならない旨が明文化されました。そして、遺言執行者があるときは、相続人には遺言の執行権がなく、遺言を執行しても無効になります。遺言執行者は、財産目録の作成などをした上で遺言内容を執行します。

遺言執行者が任務を怠った場合、家庭裁判所は、遺言執行者を解任するか、新しい遺言執行者を選任できます。一方、遺言執行者が自ら辞任する場合は、家庭裁判所の許可を受ける必要があります。

遺言執行者の報酬は、遺言で定めておくべきですが、その定めがない場合は、家庭裁判所が報酬を定めます。遺言の執行に関する費用は相続財産から支出します。

● 遺言執行者の選任が必要な場合

遺言において、①非嫡出子の認知、②推定相続人の廃除とその取消を指定する場合には、必ず遺言執行者を指定しなければなりません。①については届出の手続きを、②については家庭裁判所への申立てを行うことができるのは遺言執行者に限定されるからです。

①②の遺言がある場合で、遺言執行者が指定されていなければ、その選任を申し立てることが必要です。申立てができるのは相続人・受遺者などの利害関係人です。申立先は相続開始地の家庭裁判所で、添付書類は戸籍謄本です。

● 遺言執行者が登記手続きを行う

相続法改正により、遺産分割方法の指定であるか、遺贈であるかを問わず、法定相続分を超える分については、登記などの対抗要件を備えないと第三者に主張できなくなりました（80ページ）。そして、不動産登記の申請など、対抗要件を備えさせるために必要な行為も、遺言執行者が行うことができる旨が明文化されました。

遺言書の検認と遺言書の保管制度について知っておこう

遺言書は家庭裁判所で相続人など立会いの下で開封するのが原則

● 遺言書を勝手に開封できるか

　被相続人が死亡したときは、まず遺言書の有無を確認します。遺言書について相続人が何も聞かされていない場合は、弁護士や司法書士などに託されている可能性もあります。遺言書を見つけたとして、封印がしてある場合は勝手に開封しないで、家庭裁判所で相続人またはその代理人の立会いの下で開封しなければなりません。この場合、遠隔地その他の事情でその全員または一部が立会いに出席できないとしても、開封の手続きをすることはできます。

　なお、封印されている遺言書を勝手に開封してしまった場合であっても、遺言書の内容が無効になるわけではありません。遺言書の開封前の状況の立証が、不明確になるおそれがあるだけです。ただ、遺言書を勝手に開封した場合は過料に処せられます。

● 家庭裁判所による遺言書の検認

　遺言書の検認とは、家庭裁判所が遺言の存在と内容を認定するための手続きのことで、一種の証拠保全手続きです。検認手続きは遺言の有効性を左右するものではありません。検認手続きは遺言書が遺言者の作成によるものであることを確認するもので、検認後の偽造や変造を防ぎ、遺言書の保存を確実にすることができます。検認は、たとえば自筆証書遺言などの場合において、民法が要求する方式に従っているか否かを判断する上で、必要なすべての事実を調査するという役割も果たします。なお、死亡危急者の遺言に関しては、遺言の確認という手続が必要になりますが、これは検認とは異なり、遺言者の真意に

第2章　遺言書の書き方と手続き

基づき行われたものであるのかまで判断することができます。

　偽造や変造が行われるおそれがない公正証書遺言と呼ばれる方式に基づいて遺言書を作成している場合を除き、すべての遺言書について検認手続きを経る必要があります。

　遺言書の保管者、または遺言書を発見した相続人は、遺言書の検認を請求しなければなりません。保管者や相続人が、遺言書の提出を怠り、検認の手続きを経ずに遺言を執行したときは、5万円以下の過料に処せられます。また、遺言書の提出を怠ったことや、検認の手続きを遅滞したことにより、相続人や利害関係人が不測の損害を受けた場合は、損害賠償責任が生じることもあります。また、検認の手続きが済んでいない遺言書（公正証書遺言を除く）では、相続登記や預貯金の名義変更などの手続きが行えませんので、注意が必要です。

● 遺言書の検認の手続きの流れ

　遺言書の検認手続きは、遺言者の最後の住所地を管轄する家庭裁判所に対し、遺言書検認の申立てを請求することから始まります。

　検認を請求するときは、家庭裁判所備え付けの「遺言書検認申立書」に「相続人等目録」を添付して提出することになります。請求を受けた家庭裁判所は、相続人その他の利害関係人に対して検認の期日を通知します。検認を行う当日においては相続人やその代理人の立会いが求められますが、これは立会いの機会を与えるためであって、検認の要件とはされていません。検認を受けるためには、次のような条件を満たしていなければなりません。

① 申立人は、遺言書の発見者か保管者であること
② 申立てに必要な「申立人の戸籍謄本」「遺言者の除籍謄本」「相続人全員の戸籍謄本」「受遺者の戸籍謄本」などの書類と印鑑が用意されていること
③ 申立てが相続開始後遅滞なく行われたものであること

通知された検認を行う当日に保管者が遺言書を持参します。そして、相続人、代理人、利害関係者の立ち会いの下で遺言の内容が確認されると、検認調書が作成されます。当日検認に立ち会わなかった関係者には、後日、検認の結果についての通知が郵送されます。

　家庭裁判所での検認手続きが終了すれば、検認済証明書の交付を申請します。相続登記などの相続財産の名義変更を申請する際には、遺言書に検認済証明書を添付する必要がありますので、必ず交付を申請するようにしましょう。

　検認手続きを経ても、遺言書自体の正当性が判断されるわけではありませんから、遺言書の内容に不服がある場合は、裁判で争うこともできます。また、遺言書を発見した相続人が、自分に有利になるように削除したり書き換えた場合や、隠ぺいなどの不正行為を行った場合は、相続欠格に該当するため、相続人としての資格を失います。

　なお、普通方式の遺言のうち、自筆証書遺言と秘密証書遺言は家庭裁判所での検認手続きが必要になりますが、公正証書遺言は検認手続きが不要です。

● 自筆証書遺言保管制度の創設について

　改正前の規定では、自筆証書遺言の場合、公正証書遺言のように遺言書を保管する制度がないため、紛失や偽造・変造のおそれが高いことが問題とされていました。また、相続人が遺言書の存在を把握しな

■ 遺言書の検認

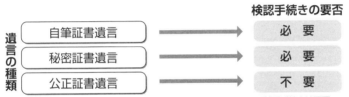

※相続法改正後は、法務局に保管された自筆証書遺言については検認手続きは不要。

いまま遺産分割協議が成立し、後に遺言書が発見されたことでトラブルになるケースもあります。さらに、自筆証書遺言は家庭裁判所による検認手続きが必要となり、これを怠ると過料に処せられることから、相続人や保管者の負担が重くなるという問題点もあります。

これらの問題を是正し、自筆証書遺言の利用を促進するため、2018年の相続法改正では、自筆証書遺言を保管する制度を新たに創設することになりました。つまり、自筆証書遺言の原本を法務局で保管する制度が創設されます。これを自筆証書遺言保管制度といいます。具体的な手続きの流れは以下のようになります。

① **遺言者による遺言書の保管など**

遺言者は、遺言者の住所地もしくは本籍地または遺言者が所有する不動産の所在地を管轄する法務局に、自筆証書遺言の原本を無封状態で持参し保管申請をします。申請を受けた遺言書保管官（法務局の担当官）は、遺言書の形式的審査を行い、誤りがあれば補正を促し、誤りがなければ原本を保管するとともに画像データ化して保存します。遺言者はいつでも保管された遺言書の閲覧と返還を請求できます。

② **相続開始後の相続人等による手続き**

相続開始後になると、相続人等（相続人、受遺者、遺言執行者）は、法務局に対し、遺言書が保管されている法務局の名称等を証明する書面の交付請求ができます（これにより遺言書の保管の有無を照会することになります）。さらに、相続人等は、保管されている遺言書の閲覧と、遺言書の画像データ等の証明書の交付請求ができます（原本の交付請求はできません）。法務局は、相続人等に対し遺言書の閲覧をさせたり画像データ等の証明書を交付した場合や、第三者請求により遺言書の閲覧をさせた場合は、他の相続人等に対し遺言書を保管している旨を通知することになります。

なお、自筆証書遺言について、自筆証書遺言保管制度を利用した場合は、家庭裁判所による遺言書の検認手続きが不要になります。

第3章

遺産分割のルールと分割協議

遺産の範囲について知っておこう

遺産分割の対象となる遺産の範囲が問題になることもある

● 遺産の調査が必要な場合もある

　相続が発生しても、特定の相続人だけが遺産を把握しており、他の相続人が遺産内容を把握できていない場合があります。相続税の共同申告を行えば、遺産内容を把握できますが、相続税は各自で申告もできます。この場合は、特定の相続人から遺産内容を教えてもらい、相続税申告書があればそれを開示してもらいます。しかし、相続税申告書や遺産内容の開示を拒否された場合は、自分で調べるより他ありません。不動産については、名寄せ台帳（固定資産課税台帳）を閲覧謄写し、預貯金や証券については、相続人として思い当たる銀行・証券会社に行って、相続人として開示請求をすることになります。

　また、家庭裁判所の遺産分割調停の手続きでは、調停委員会を通じて粘り強く相続財産の開示を求めることもあります。しかし、家庭裁判所は、基本的には「当事者にわからないものは、裁判所にもわからないので、遺産探しはしない」というスタンスですから、調停の手続きで遺産探しをするのは難しいと認識してください。家事調査官が遺産調査をすることもあり得ません。家庭裁判所を通じて税務署に相続税申告書の開示を求めても、税務署は守秘義務を理由に開示を拒否します。相続税申告書の開示は、相手の協力がない限り不可能です。

● 遺産の範囲を確定するには

　遺産分割をするには、まず被相続人の遺産は何か、つまり遺産の範囲を確定し、次に遺産の評価額を確定します。その上で、各相続人の具体的相続分（特別受益や寄与分を加味して算定される相続の割合の

こと）を確定し、最後に誰がどの遺産を取得するかを決めます。

　遺産分割の協議や調停においても、まず分割対象となる遺産の範囲を確定する必要があります。しかし、しばしば遺産の範囲について争うことがあります。とくに動産や無記名の証券など名義がはっきりしないものは争いが起こりがちです。不動産の所有権についても、登記をしていないケースなどでは、争いが生じることがあります。

　たとえば、第三者との間で証券や土地所有権の帰属について争いが生じた場合、調停や訴訟などによって証券や土地所有権が被相続人に帰属することが確定して、初めて遺産として分割対象となります。

　このような争いは、第三者との間に限らず、相続人同士でも生じる場合もあります。税金対策で名義変更していた場合は、その土地が遺産か特定の相続人の所有物かをめぐって争いになることもあります。

　この場合、遺産分割の調停で遺産の範囲が合意できなければ、遺産分割の審判を待たずに調停を取り下げ、地方裁判所に遺産確認の訴訟を提起し、判決により遺産の範囲が確定した後に、再度、遺産分割調停を申し立てます。家庭裁判所も遺産分割の審判をする際に、遺産の範囲を判断しますが、その判断には拘束力がなく（審判では遺産の範囲が確定しない）、遺産の範囲は訴訟でしか確定できないからです。

　これに対し、相続人全員が遺産分割の審判で遺産の範囲を判断することに同意し、家庭裁判所も判断可能と考えたときは、遺産分割の審判をする前提問題として、遺産の範囲を確定することになります。

■ 相続手続きに必要なこと

```
         ┌─ 誰が        ──→ 相続人
         │
         ├─ 何を        ──→ 遺産（相続財産）
相 続 ───┤
         ├─ どの割合で  ──→ 具体的相続分
         │
         └─ 分けるのか  ──→ 分割の協議や調停など
```

第3章　遺産分割のルールと分割協議

配偶者の居住権について知っておこう

配偶者居住権と配偶者短期居住権の2つが創設された

● 不動産と配偶者の居住権

　被相続人の不動産も遺産に含まれますので、遺産分割の対象となります。しかし、その不動産が被相続人とその配偶者の住居であった場合には、配偶者の居住権をめぐって問題になることがあります。

　たとえば、Aが死亡した時に、Aには相続人として妻Bと子Cがいたとします。そして、Aの遺産がA所有の土地・建物のみで、Aの生前はAとBが同居していたとします。

　このとき、①Aが遺言をしていないため、Aの遺産について遺産分割協議の手続きを始める場合、相続開始時（Aの死亡時）から遺産分割協議の終了時まで、妻Bはこれまでと同様に、住居として建物を利用し続けることが可能でしょうか。また、②Aが遺言をしており、その遺言で「Aの死後、A所有の土地・建物は子Cに与える」という意思表示を明確にしていた場合、Bはそれまでの生活の基盤であった住居から、Aの死後すぐに退去しなければならないのでしょうか。

　これらの問題について、改正前は明文の規定がなく、判例などの解釈による運用が行われてきました。

　前述した事例①においては、妻Bは夫Aの生前から、住居としてA所有の土地・建物を使用していたことから、Aの死後、遺産分割が終了するまでの間、Bが無償で建物を使用し続けることができるという内容の合意が、AB間で成立していたものと考えていました。

　これに対し、事例②においては、妻Bは生活の基盤である住居が保護されなくなるおそれがありました。というのも、夫Aの死亡にあたり、Aの遺言により「Aの死後は建物を子Cに与える」、つまり建物

はCに使用させるという意思が明確にされていることから、AB間において、Bが無償で住居を使用し続けることができる旨の合意が成立していたものと考えるのは困難だといえるためです。

　以上から、妻BはAの死後、生活の基盤である住居を即座に失うおそれがあるため、Bのような生存配偶者の居住権を保護する方策の必要性が意識されるようになりました。とくに生存配偶者であるBが高齢期に入り、Aの生前から夫婦で同居していた住居に、今後も自分が亡くなるまで住み続けたいと望んでいる場合、生存配偶者の居住する権利の保護をいかにして図るのかが問題になります。

　そこで、2018年の相続法改正では、被相続人の死亡後の生存配偶者の居住権を保護する規定が盛り込まれました。具体的には、配偶者の居住権を長期的に保護するための「配偶者居住権」と、短期的に保護するための「配偶者短期居住権」が創設されました。

● 配偶者の居住権を長期的に保護（配偶者居住権）

　改正前においても、前ページの事例①の妻Bが、住み慣れた住居に長期的に住み続ける方策がないわけではありませんでした。

　たとえば、Aの死後行われる遺産分割協議において、妻Bが土地・建物の所有権を取得するという方法があります。しかし、不動産は高額ですので、事例①において、妻Bが住居を相続した場合、その他に預貯金や現金などの住居以外の遺産があっても、相続分の関係から、これを相続することが困難になる可能性があります。とくに妻Bが高齢期に差しかかっている場合には、将来の人生設計の上で、住居以外の財産を持っていることも重要ですので、住居を相続により取得したからといって、今後の生活が安泰というわけにはいきません。

　また、遺産分割協議において、建物の賃借権や使用貸借権を設定するという方法も考えられます。しかし、賃貸借契約や使用貸借契約という契約を結ぶ必要があり、これには当然のことながら、当事者間の

合意が必要です。前述した事例①においては、妻Bと子Cが遺産分割協議において、子Cに住居の所有権を取得させる旨を合意した上で、BC間で賃貸借契約または使用貸借契約を結ぶことにも合意しなければならないため、妻Bが住居を長期にわたり使用し続けるという必要十分な目的を達成するのは容易ではありません。

そこで、改正前の制度の下では、生存配偶者の長期的な居住権について必要十分な内容を保障することは困難であることから、2018年の相続法改正によって、長期間にわたり生存配偶者の居住権を保障する制度が整備されました。その制度を**配偶者居住権**といいます。

① **配偶者居住権の内容**

配偶者居住権の具体的な内容は、生存配偶者が、相続開始時に居住していた被相続人所有の建物を対象として、終身の間、生存配偶者が居住建物を無償で継続使用できる権利を与えることです。配偶者居住権の存続期間は、遺言または遺産分割の定めによって、終身よりも短い期間とすることができます。

② **配偶者居住権の成立要件**

配偶者居住権を成立させるためには、原則として、以下のいずれか1つを満たしていることが必要です。1番目の遺産分割協議は相続人全員の合意が求められますので、死因贈与契約や遺言によって、生前に配偶者居住権を確保する措置を講じておくことが重要です。

・建物の所有者は他の相続人に決定しても、配偶者に配偶者居住権を取得させる遺産分割協議が成立した
・被相続人と生存配偶者との間に、被相続人死亡後に生存配偶者に配偶者居住権を取得させる旨の死因贈与契約が存在していた
・生存配偶者に配偶者居住権を取得させる旨の遺言があった

③ **配偶者居住権を取得した生存配偶者の権利義務**

上記の要件を満たすと、生存配偶者は配偶者居住権を取得し、配偶者居住権の財産的価値に相当する金額を相続したものとして扱われま

す。これにより、居住建物の所有権を取得するより低額の財産的価値を相続したと扱われることから、配偶者居住権以外の財産（預貯金や現金など）を相続することも可能になることが期待されています。

　配偶者居住権が認められた生存配偶者は、居住の目的や建物の性質により定まった用法に従って居住建物を使用する義務を負います（用法遵守義務）。また、配偶者居住権が認められる期間中は、善良な管理者の注意をもって居住建物を保存しなければなりません（善管注意義務）。他の相続人には認められない居住権を強固に保障されますので、居住建物に関する通常の必要費は生存配偶者が負担します。

　そして、配偶者居住権は登記をすることで、第三者に権利を主張することができます。生存配偶者は、居住建物の所有者に対し、配偶者居住権の設定登記を申請するよう請求する権利があります。一方、配偶者居住権は配偶者の死亡により消滅する不安定な権利であるため、これを第三者に譲渡することはできません（譲渡禁止）。生存配偶者が用法遵守義務、善管注意義務、譲渡禁止に違反したときは、居住建物の所有者が配偶者居住権を消滅させることができます。

■ **配偶者居住権（長期居住権）**

【配偶者居住権】

要件
① 建物の所有者は他の相続人に決定しても生存配偶者に配偶者居住権を取得させるという内容の遺産分割協議が成立した
② 被相続人と生存配偶者との間に、被相続人死亡後に生存配偶者に配偶者居住権を取得させるという内容の死因贈与契約が存在していた
③ 生存配偶者に配偶者居住権を取得させる旨の遺言がある

➡ 原則として終身の間、生存配偶者がその建物を継続して使用可能

●配偶者の居住権を短期的に保護（配偶者短期居住権）

　2018年の相続法改正では、被相続人の生前の意思にかかわらず、最低でも相続開始時から6か月間は、生存配偶者の居住権が保障されるとする規定が盛り込まれました。これを**配偶者短期居住権**と呼んでいます。配偶者短期居住権に基づき、生存配偶者の居住権が保障される期間については、相続人間で居住建物の遺産分割をすべき場合か否かによって異なります。

① 配偶者短期居住権の内容

　配偶者短期居住権の具体的内容は、生存配偶者が、相続開始時に被相続人所有の建物に無償で居住していた場合に、相続人間で居住建物の遺産分割をすべきとき（相続や遺贈に関する被相続人の遺言がないときなど）は、遺産分割によって誰が居住建物を相続するかが決まった日、または相続開始時から6か月が経過する日、のいずれか遅い日までの期間、居住建物を無償で使用できることです。

　これに対して、生存配偶者が、相続開始時に被相続人所有の建物に無償で居住していた場合に、相続や遺贈に関する遺言などによって居住建物の所有者が決まっている（生存配偶者以外が所有者である）ときは、その所有者が配偶者短期居住権の消滅を申し入れた日から6か月が経過する日までの間、無償で居住建物を使用できます。

② 配偶者短期居住権を取得した場合

　配偶者居住権とは異なり、配偶者短期居住権は、遺産分割協議により最終的に居住建物の所有権が決定されるまでの暫定的な措置という意味合いが強いため、生存配偶者が自由に居住建物を使用してよいわけではありません。原則として、居住の目的や建物の性質により定まった用法に従って使用しなければならず（用法遵守義務）、善良な管理者の注意をもって居住建物を管理しなければなりません（善管注意義務）。また、居住建物に関する通常の必要費の支出は、生存配偶者の責任において行うことも必要です。

さらに、生活の基盤である居住建物に暫定的であれ居住する権利を保護するという趣旨から、配偶者短期居住権を第三者に譲渡することはできません（譲渡禁止）。生存配偶者が用法遵守義務、善管注意義務、譲渡禁止違反した場合は、配偶者短期居住権が相続人の請求によって消滅し、その際は、生存配偶者が居住建物を相続開始時の状態にまで復帰させる義務（原状回復義務）を負います。

　以上から、相続法改正の下では、前述した事例①（112ページ）の場合には、遺産分割協議が終了するまで、もしくは早期に遺産分割協議が終了した場合であっても相続開始時から6か月が経過する日までの期間、妻Bは無償で、夫Aと生前から同居してきた居住建物を使用できます。

　また、改正前の解釈では生存配偶者の居住権の保護が困難であった前述した事例②（112ページ）のように、遺言によって夫Aが自らの死後は土地・建物を子Cに使用させる意思を明確に持っていたとしても、子Cが配偶者短期居住権の消滅を申し入れた日から6か月が経過する日までの間、妻Bは無償で居住建物の使用を継続できます。

■ **配偶者短期居住権**

預金口座をめぐる法律問題について知っておこう

遺産分割確定前に相続人が預貯金の払い戻しを受ける制度が整備された

● 本人の預金口座と引き出し

　金融機関に預貯金を預けている人が死亡し、その事実を金融機関が知ると、預金口座を凍結するため、相続人が勝手に預金を引き出せなくなります。金融機関が預金者の死亡を知る前に、相続人が葬儀代などとして預貯金を引き出してしまうケースもあります。しかし、後述するように、遺産分割協議などにより預貯金がどの相続人に帰属するのかが確定して口座凍結が解除されるまでは、預貯金を引き出すことは許されず、遺産分割協議を行う前提として、被相続人の預金額や相続人による引き出しの有無を確認しなければなりません。

　これらの確認は一見難しそうですが、相続人は、金融機関に対して、被相続人名義の預貯金などの口座について、①残高証明の発行請求、②取引履歴の開示請求が可能です。残高証明（①）は、取引のあった支店に請求すれば、その支店にある被相続人の全口座分について残高証明を発行してもらえるため被相続人の預金額の把握が可能となる他、相続人が把握していない口座が見つかることもあります。取引履歴（②）は、過去数年分の取引の状況が開示されるため、これを見れば不正な引き出しがあるかどうかを確認できます。

　残高証明の発行や取引履歴の開示は、いずれも相続人が1人で行うことができます。残高証明の発行請求は、各金融機関所定の残高証明発行依頼書に必要事項を記載して行います。添付書類は、被相続人の死亡を確認できる戸籍謄本または除籍謄本、相続人であることを確認できる戸籍謄本、相続人の印鑑証明書などです。

● 口座凍結解除をするには

口座凍結を解除するための条件として、①遺産分割協議を完了させることが挙げられます。この方法によるときは、被相続人が残した全遺産について、相続人全員で話し合って、誰がどの遺産を手に入れるのか決める必要があります。また、②預貯金の分割方法だけを先に決めてしまうことも可能です（遺産の一部分割）。相続人全員の協力があれば、比較的短期間で行うことができます。相続法改正により、遺産の一部分割が可能である旨が明確にされました。

①または②により預貯金の分割方法が確定した場合、被相続人の出生から死亡までの連続した戸籍謄本および除籍謄本、法定相続人全員分の戸籍謄本、法定相続人全員分の印鑑証明書などを用意して、金融機関に対し口座凍結解除の申請を行うことになります。

● 預貯金の仮払いを認める制度

代金債権や貸金債権などの可分債権（分割できる債権のこと）は、相続開始と同時に相続分に応じて当然に分割され、各相続人が相続分に応じて権利を承継するとされています。預貯金も預貯金債権という可分債権であることから、従来は上記の取扱いがなされていました。

しかし、2016年12月の最高裁大法廷決定で、預貯金債権については、不動産・動産・現金と同じように、相続開始と同時に相続分に応じて当然に分割されることはなく、遺産分割の対象となるとの判断が下されました（22ページ）。つまり、一部の相続人による預貯金の払戻請求には応じない、という従来からの金融機関の運用を、最高裁が追認したということができます。

しかし、これでは、緊急の払い戻しの必要が生じた場合に、相続人全員の協力が得られなければ、一切の払い戻しを受けることができないという不都合な事態が生じかねません。

そこで、2018年の相続法改正では、預貯金債権について遺産分割の

確定前であっても、一定額を相続人に払い戻すことを認める仮払い制度が整備されました。具体的には、①家庭裁判所の保全処分を利用するための要件を緩和したことと、②家庭裁判所外において各相続人が単独で払い戻しを受けられる制度を新設したことが挙げられます。

① 家庭裁判所の保全処分を利用するための要件の緩和

　家事事件手続法には、遺産分割の審判・調停の申立てがあった場合、相続人の急迫の危険を防止するため必要があるときは、家庭裁判所は必要な保全処分を命じることができる旨の規定があります。現在もこの規定に基づいて預貯金の仮分割の仮処分（預貯金の仮払いを命じること）が可能ですが、要件が厳しすぎることが問題でした。

　相続法改正では、預貯金の仮分割の仮処分を認める要件を緩和する規定を追加しました。具体的には、家庭裁判所は、ⓐ遺産分割の審判または調停の申立てがあった場合に、ⓑ相続債務の弁済、相続人の生活費の支弁などの事情で、遺産に属する預貯金債権を行使する必要があると認めるときは、ⓒ当該申立てをした人または相手方の申立てにより、ⓓ他の相続人の利益を害しない限り、遺産に属する預貯金債権の全部または一部を仮に取得させることができます。

　仮分割される金額は家庭裁判所の判断にゆだねられていますが、原則として遺産の総額に申立人の法定相続分を乗じた額の範囲内になると考えられています。ただし、仮分割の仮処分を利用するには、上記のⓐにあるように遺産分割の審判・調停を申し立てる必要があるため、時間や費用がかかるというデメリットがあります。

② 裁判所外で各相続人が単独で払い戻しを受ける方法

　預貯金の仮分割の仮処分しか認められないとすると、緊急に払い戻しを受ける必要性が生じた場合に、家庭裁判所に申立てをしなければ、一切の払い戻しを受けられず、相続人の大きな負担になります。

　2018年の相続法改正では、各相続人が、裁判所の判断を経ずに、直接金融機関の窓口で、一定額の預貯金の払い戻しを受けることができ

るとする制度が新設されました。具体的には、払い戻しを希望する相続人は、遺産に属する預貯金債権のうち、相続開始時の預貯金額の3分の1に自らの法定相続分を乗じた額を、金融機関ごとに法務省令で定める額を上限として、単独で払い戻しを受けることができます。

● 銀行預金などの名義変更の方法

　被相続人の口座は、遺産分割が確定するまで凍結され、確定後に名義変更や解約の手続きをします。名義変更は、金融機関に備え付けの名義変更依頼書で申請します。所定事項を記入し、被相続人や相続人の戸籍謄本、相続人の印鑑証明書、被相続人の預金通帳または預金証書や届出印などの添付書類とともに提出するのが一般的です。

　遺産分割の状況によっては、①遺産分割協議書（遺産分割協議に基づく場合）、②調停調書謄本または審判書謄本と審判確定証明書（家庭裁判所の調停・審判に基づく場合）、③遺言書または遺言書の写し（公正証書遺言以外の場合は「検認調書謄本」も必要です）といった添付書類が必要になることもあります。

■ 預貯金の仮払い制度

預貯金債権 ⇒ 遺産分割の対象に含まれることから、遺産分割前は預貯金の払い戻しは受けられないのが原則である。

遺産分割前に預貯金の払い戻しを受けるための制度（仮払い制度）

【家庭裁判所の保全処分を利用】
　家庭裁判所へ遺産分割の審判または調停を申し立てる→家庭裁判所は、申立人や相手方が預貯金債権を行使する必要性を認めたときは、預貯金債権の全部または一部につき、預貯金の仮分割の仮処分を命ずる→金融機関は仮処分の内容を確認し、仮処分で認められた範囲内で払い戻しを行う

【裁判所外で各相続人が単独で払い戻しを受けられる方法】
　各相続人は「相続開始時の預貯金の額 ×1/3× 法定相続分」で、かつ、金融機関ごとに法務省令で定める額を上限として、直接金融機関の窓口で払い戻しを請求できる

遺産分割前に処分された財産の取扱いについて知っておこう

遺産分割前に処分された遺産も遺産分割の対象となる場合がある

● なぜ改正が行われるのか

　相続人が複数いる場合、遺産分割によって各相続人が相続する具体的な財産が確定するまで、遺産（相続財産）は相続人全員の共有になります。この**共有**とは、各相続人が、法定相続分に応じた持分の割合によって、それぞれの遺産を所有している状態のことをいいます。

　もっとも、一部の相続人が、遺産分割前に、共有状態にある相続財産の一部または全部を売却するなど処分した場合、改正前の実務では、処分された財産は相続財産から逸失し、遺産分割の対象から除外するという取扱いがなされていました。具体例で見ていきましょう。

　相続人が子A、B、Cの3人のみで、遺産総額が3000万円であった場合、通常であれば、A、B、Cはそれぞれ1000万円の遺産を相続することができます。ところが、Aが遺産分割前に勝手に遺産900万円分を処分してしまったとします。

　改正前は、遺産分割の対象となる財産は、相続開始時に被相続人が所有していた財産で、かつ、遺産分割時に実際に存在する財産であると考えられていたため、処分された財産は遺産分割の対象から除外されていました。前述した事例では、Aが遺産900万円を処分すると、遺産分割の対象となる財産は2100万円となります。そのため、B、Cは各700万円の遺産しか相続できないのに対し、Aは先に処分した900万円に加えて、700万円をあわせて相続することになり、不公平な結果となります。

　相続法改正では、この相続人間の不公平を解消するため、遺産分割前に処分された財産の処理について明文の規定を置きました。

○ 何が変わるのか

2018年の相続法改正では、遺産分割前に処分された財産の処理について、次の2つの規定を設けました。

① 遺産分割前に遺産に属する財産が処分された場合であっても、相続人全員の同意により、当該処分された財産が遺産分割時に遺産として存在するものとみなすことができる。

② 相続人の1人または数人によって、遺産分割前に遺産に属する財産が処分されたときは、当該処分をした相続人の同意は要しない。

前述した事例では、遺産分割前に財産を処分したAの同意は不要であるため（②）、BとCが同意すれば、Aが勝手に処分した900万円を遺産分割の対象となる財産に含めることができます。その結果、遺産分割の対象となる遺産の総額は3000万円となり、これを法定相続分に応じて3等分すると、各1000万円を相続することになります。

そして、Aはすでに900万円を取得しているため、遺産分割においてAが実際に取得できる遺産は100万円にとどまります。これに対し、BとCは各自1000万円ずつを取得できるというわけです。

■ 遺産分割前の財産の処分

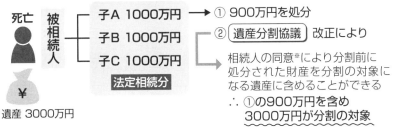

株式や生命保険金、退職金などの手続きについて知っておこう

生命保険金や退職金は遺産に含む場合と含まない場合がある

● 上場株式は証券会社で変更手続きをする

　株式を相続した場合、株主の名義変更（名義書換え）をしないと、配当金の支払いなどが受けられませんから、できるだけ早く名義変更の手続きをします。

　上場株式の場合、被相続人名義の証券会社の口座（古い株券の場合は特別口座）から相続人名義の証券会社の口座に、株式の口座振替を申請する必要があります。そのため、相続人は事前に証券会社に口座を開設する必要があります。手続きに必要な添付書類として、被相続人および相続人の戸籍謄本、相続人全員の印鑑証明書などを提出しなければなりません。

　非上場株式の場合は、株式の発行会社に対し、被相続人から株式を相続したことを示す書類を提出するのが原則です。手続きについては発行会社に問い合わせることが必要です。

● その他の債権の請求方法

　遺産分割で代金債権や貸金債権などの債権を取得するときは、回収の見込みが重要です。民法の規定により、他の相続人は、相続分に応じて、債務者の資力を担保することになっていますが、後から担保請求をする（債務者に代わって弁済をするように求めること）は一般に困難であるといわれています。

　また、相続人が訴訟を提起して、遺産分割で取得した債権を行使する場合、相続を証明する各種書類の提出は必要ですが、債権譲渡の手続きは不要です。

死亡退職金がもらえる場合

　死亡退職金とは、被相続人が在職中に死亡した場合に支給される被相続人の退職金です。退職金は給料と異なり、必ずもらえる性質のものではありません。退職金の制度のない会社も多くあります。

　退職金請求権が権利となるためには、退職金の支払について、就業規則、退職金規程その他の会社の規程であるか、雇用契約において定められていなければなりません。また、退職金の制度はあっても、懲戒解雇の場合は退職金が支給されないのが普通です。単に在籍年数が足りないため支給されないこともあります。

　退職金は、必ずしも当然の権利ではないのですが、前述のとおり会社が就業規則や退職金規程などで定めている場合には、これに該当すれば退職金請求権は会社に雇用されていた被相続人の権利です。また、死亡退職金は、就業規則や退職金規定などの定めによって、遺産（相続財産）となる場合とならない場合があります。死亡退職金の支給先に関する定めがない場合は、退職金請求権が遺産となるので、相続人は会社に支給を請求することができます。一方、被相続人が遺言で死亡退職金の受領権者やその分け方を指定することもできます。

退職慰労金・年金の場合

　被相続人が在職中に死亡した場合について、退職金ではなく遺族に対する死亡慰労金や年金を支給すると定める会社もあります。就業規則や規程などの定めで、受取人が指定されていることがあり、この場

■ 株式の相続と手続き

上場株式 ⇒	戸籍謄本、相続人全員の印鑑証明書などを用意し、証券会社に株式の振替を申請する
非上場株式 ⇒	株式の発行会社に対して、相続したことを示す書類を提出する

合には、死亡慰労金が遺産ではなく指定された受取人の独自の権利となります（保険金受取人の指定がある場合と同じです）。指定する受取人については、遺族の生計を維持するため、配偶者や遺児とする場合が多いようです。

つまり、退職金が死亡の有無にかかわらず、本人の退職時に支給される制度の場合には、本人の死亡後（死亡により退職と扱われます）は遺産となり、遺産分割や遺言の対象になります（可分債権として相続分に応じた債権になります）。一方、死亡慰労金として受取人が定まっている場合には、その者の独自の権利であり、本人の遺産には含まれないので、相続の問題にはならないといえます。

なお、通常は社内規程（就業規則や退職金規程など）により退職金などの金額を算定して支払うことになり、相続人としては手続きが不要の場合が多いと思われます。ただ、書類などが必要な場合もあり、会社の担当者と話し合っておくことが大切です。

● 生命保険金の場合

被相続人の死亡により保険会社から支払われる生命保険金は、受取人固有の財産とみなされますので、相続財産には含まれないのが原則です。そのため相続放棄をした人であっても、生命保険金は受け取ることができるのです。

ただし、契約者である被相続人が受取人として指定されている場合は、被相続人は自己のために生命保険契約を締結したものと考えられますので、保険金請求権は相続財産に組み込まれ、遺産分割の対象となります。なお、受取人固有の財産とされる場合であっても税法上、生命保険金や死亡退職金は、その金額が「500万円×法定相続人の数」を超える場合には、みなし相続財産として相続税が課税されますので注意が必要です。

6 遺産分割手続きの流れをつかもう

遺産分割協議に参加する者を確認しておく

● 遺産分割は相続人全員で行う

　被相続人の財産が相続人に承継される時期は、相続開始の時（被相続人の死亡時）とされています。被相続人が遺言をしているような場合を除き、相続開始により相続財産全体を相続人が相続分という割合で互いに持ち合っている状態となります。そこで、相続開始後に個々の相続財産を、それぞれの相続人の所有物として確定する手続きが必要になってきます。これが**遺産分割**です。

　まず、遺産分割のおおまかな流れについて見ておきましょう。

　遺産が可分債権（預貯金を除きます）である場合は、遺産分割手続きを経ることなく当然に相続分に応じて分割されます。負債（債務）も同じように相続分に応じて分割されます。ただし、相続人全員の同意があれば、遺産分割の対象とすることができます。

　しかし、遺産が可分債権だけの場合はほぼありません。通常は遺産に不動産、動産、現金、預貯金など、そのままでは分けられないものが含まれています。また、営業用財産などのように、機械的に分割してしまうと価値がなくなってしまう場合もあります。このような場合に、遺産分割の手続きによって、特定の相続人がその不動産や動産などを所有することに決めることができるのです。

　相続人が１人しかいない場合を除けば、どのような財産が残されていて、それをどのように分割し、誰がどの財産を相続するのかを、相続人が全員参加する遺産分割協議で話し合う必要があります。

　公平に遺産分割をするため、一部の相続人しか参加していない遺産分割協議は無効とされ、再度協議をし直さなければならなくなります

ので注意が必要です。遺産分割協議をする際は、戸籍謄本などで相続人となる人をしっかりと確認しておく必要があります。

なお、遺産分割協議には代襲相続人、包括受遺者、認知された子も出席する必要があり、全員出席してはじめて協議が成立します。

● 遺産配分は被相続人が自由に決められる

法定相続分は、民法で定めた遺産に対する持分の割合であり、遺産配分の基準となるものです。被相続人は、法定相続分とは別に、遺言で相続分を自由に決めることもできます（指定相続分）。

遺産分割をする際は、必ずしも法定相続分や具体的相続分（特別受益や寄与分が考慮された相続分）に従わなければならないわけではありません。ただし、遺産分割協議がまとまらないときに家庭裁判所が行う調停や審判では、具体的相続分が基準になります。

また、遺言で相続分や分割方法の指定を第三者に託すこともできますし、相続開始から5年を超えない期間で遺産分割を禁じることも可能です。ただし、遺留分を侵害することはできません。

相続分の指定は、①全遺産を各相続人に対して割合的に指定する場合と、②個々の遺産について各相続人の相続分を割合的に指定する場合があります。たとえば、「Aには全遺産の4分の3、Bには全遺産の4分の1」と指定するのが①の場合であり、「○○にある不動産はAに4分の3、Bに4分の1」と指定するのが②の場合です。これに対して、分割方法の指定は、現物分割や換価分割などにより遺産分割の方法を指定するもので（131ページ）、全相続人の同意がない限り、相続開始と同時に遺言どおりに分割されます。相続分や分割方法の指定は、遺留分を侵害しても有効ですが、遺留分減殺請求権（相続法改正後は遺留分侵害額請求権）の行使を受ける場合があります。

後で問題にならないように、相続分や分割方法の指定は、遺言者自身が定めた方がよいわけですが、第三者に相続分や分割方法の指定を

託す場合は、その第三者が信頼できる人であることが大切です。

なお、債務については債権者の利害があるので、相続分や分割方法の指定は自由にできません。相続法改正では、被相続人（債務者）の遺言に拘束されず、各相続人は、債権者の同意がない限り、法定相続分に応じて相続することが明記されました。

家庭裁判所に判断してもらう

遺産分割の協議が成立しなければ、家庭裁判所の調停や審判によります。協議や調停では、当事者の意向が反映され、柔軟な分割を行うことができます。しかし、審判では、当事者の意向に関係なく、具体的相続分に基づいた分割方法を決定します。分割方法は、現物分割、代償分割、換価分割、共有分割の中から選択します（131ページ）。

■ 相続開始から遺産分割までの流れ

```
相続開始（相続人の死亡）
    ↓
葬儀
    ↓
遺産の調査・遺産目録の作成・相続人の確定
    ↓
遺産分割協議（遺産分割協議書の作成）
    ↓
協議がまとまらないとき
調停・審判（家庭裁判所）　⇒　訴訟
    ↓
遺産取得の手続き
　●不動産の相続登記　　●動産の引渡し
　●有価証券・電話加入権・自動車などの名義変更
    ↓
相続税の納付
```

遺産分割の方法について知っておこう

個々の相続人の事情を考慮して分割を決める

● 遺産分割は遺産の一部についてもできる

　遺産の全部を一度に分割することを**全部分割**といいます。これに対して、遺産の一部を先に分割し、残りを未分割の状態のままに置くことを一部分割といいます。たとえば、特定の遺産だけを売却して支払期限が迫った債務の支払いにあてることに合意し、残りの遺産は後で時間をかけて解決するといったケースが考えられます。また、遺産分割協議の成立後に新たな遺産が発見された場合、その遺産を分割することも一部分割となります。この場合、すでになされた遺産分割協議は相続人全員の合意があれば有効です。遺産はすべてを一度に分割することが理想的ですが、遺産の範囲について相続人間で争いがあり、その確定を待っていては生活資金が確保できず、生活に困窮する者や、あるいは納税資金を調達できずに延滞税が課せられる危険性があります。実務上は、かつてより一部分割をすることが可能であると考えており、争いのない遺産について先に分割して、生活資金や納税資金を確保することができるようにしていました。ただ、どのような場合に一部分割が許容されるのか、改正前は条文上明確にされていませんでした。

　そこで、2018年の相続法改正では、一部分割を共同相続人（2人以上の相続人が相続する場合のすべての相続人のことです）にとって利用しやすいものとするため、一部分割のルールを明文化しました。

　具体的には、遺言で一部分割を禁じていない限り、相続人はいつでも、共同相続人の協議によって、いつでも遺産の一部を分割することができる旨が明文化されました。また、遺産分割協議が調わないとき、

または遺産分割協議自体ができないときは、家庭裁判所に対し、一部分割の調停や審判を求めることができることも明文化されました。

　これらの規定は、遺産の処分権限が第一次的には共同相続人にあるとする考え方がベースとなっており、共同相続人において自由に一部分割を行うことを認めるものです。ただし、被相続人の意思を無視することはできませんから、被相続人が一部分割を遺言で禁じていた場合は、例外的に一部分割をすることが認められません。

　また、遺産について共同相続人に第一次的な処分権限が認められることから、遺産分割が調わない場合などは、家庭裁判所に対し一部分割の調停や審判を請求できます。しかし、一部分割をすることにより他の共同相続人の利益を害するおそれがある場合は、家庭裁判所に対する請求は却下されることになります。

　なお、2018年の相続法改正では、一部分割後の残りの遺産の分割については特別なルールが設けられませんでした。そのため、残りの遺産についてさらに一部分割することも認められます。

● 遺産分割の方法には４つある

　共同相続人が遺産分割をする方法として代表的なものは、現物分割、換価分割、代償分割、共有分割の４つです。

① **現物分割**

　現物分割とは、共同相続人が個別の遺産をそのままの形で取得する方法です。「○○区○○所在の建物は配偶者が相続したい」「○○産業の株式は長男が相続したい」というように、それぞれの受け取りたい財産が決まっている場合、財産の形を変えたくない場合（現金に換価したくない場合）などは、現物分割が有効な方法です。

　現物分割では「配偶者が不動産Ａを受け取る」「次女が不動産Ｂを受け取る」といった具合に分割します。遺産となる現物が少ないときなどは、相続分に応じて現物分割をするのは難しくなりますが、当人

たちの合意があれば問題ありません。家庭裁判所の審判で現物分割をする場合は、少ない側に対する代償を付加すべきですが、多少の誤差は適法の範囲内とされます。

② **換価分割**

換価分割（価額分割）とは、遺産の一部または全部を売却して現金に換え（換価）、その現金を相続分に応じて分割する方法です。耕作中の畑など現物分割が適当でない場合、または現物分割をすると価値が下がる場合で、かつ代償分割も無理なときは換価分割をします。

実際の換価方法は、財産を任意に売却して換金するのですが、家庭裁判所に申し立てて換価してもらうこともできます。ただ、土地や建物を売却すると、相続人全員に「譲渡による所得税と住民税」が課税されるため、その分は目減りしてしまうことに注意しましょう。

③ **代償分割**

代償分割とは、1人（または数人）が価値の高い遺産の現物を相続し、残りの相続人の相続分に相当する超過分を、現物を相続した相続人が現金で支払う方法です。これは、遺産の大部分が現在も稼動中の工場や農地である際に、後継者に対しそれらをすべて相続させたい場合などに有効な方法です。

代償分割は、現物を相続する相続人に一定の資産（支払能力）がないと実行できませんので、代償分を支払うだけの資産がない場合には向いていません。なぜなら、ほとんどの遺産を相続した相続人は、相続分よりも多く受け取った分を、自分の資産で他の相続人に支払わなければならないからです。

この支払いは一括払いが原則ですが、分割払いとする方法もあります。分割払いとする場合は、現物を相続する相続人の支払能力の有無を見極めなければなりません。審判による遺産分割では、支払能力があるなど特別の事由が認められた場合に限り、分割払いによる代償分割が認められます。一方、遺産分割協議で合意に至れば、分割払いに

よる代償分割は何ら問題がありません。実際には、農地、作業場、商店など細分化が適当でない資産について、代償分割による遺産分割が行われることはよくあります。

④ 共有分割

共有分割とは、遺産の一部または全部を相続人全員が共同で所有する方法です。たとえば、不動産の共有分割をする場合は、基本的に登記手続きだけですむという利点があります。しかし、共有名義の不動産を売却する際に、共有者全員の同意が必要になるなど、共有分割後は単独の所有に比べてさまざまな制約を受けるので、共有者間の調整に困難が生じることが多いようです。

協議の成立までの取扱いと分割の禁止

被相続人が遺産分割について遺言をしている場合を除き、遺産分割協議が成立するまでは、分割方法にかかわらず、遺産は相続人全員の共同所有の状態になります。その間の遺産の管理事項については、共同相続人が相続分に応じた多数決によって決めて共同管理します。管理費用は遺産の中から支払うことも可能です。

共同相続人は、相続開始後に、原則として、いつでも遺産を分割することができます。ただし、次のような場合には、遺産の分割が禁止されることがあります。

① 遺言による分割の禁止

被相続人が、遺言によって、遺産の一部または全部の分割を禁止している場合は、遺産分割が禁止されます。ただし、遺言による分割禁止期間は5年が上限と定められています。

② 協議による分割の禁止

相続人全員の合意によって遺産分割を禁止することもできます。ただし、遺言による分割の禁止とは異なり、分割禁止期間中であっても相続人全員の合意があれば、遺産分割をすることができます。協議に

よる分割禁止の期間も5年が上限と定められています。
③　審判による分割の禁止
　相続人の資格や遺産の範囲などをめぐり係争中のような場合には、家庭裁判所が定める一定の期間は、遺産の一部または全部の分割が禁止されます。

● 遺産分割に期限はないが相続税に注意する

　民法には、遺産分割について、いつまでに行わなければならないという期限の定めはありません。つまり、「相続した財産を処分する」「担保に入れる」などの行為をしない限り、遺産分割を確定させ、相続登記で名義変更をする必要もないという場合も多いでしょう。
　しかし、相続税がかかるほどの遺産がある場合は、悠長にしているわけにもいきません。相続税には「配偶者は法定相続分まで相続しても相続税はかからない」という特典がありますが、この特典は相続税の申告期限までに遺産分割が決まらないと受けられないのです。
　したがって、通常の場合は、被相続人の死亡後、相続税の申告期限までに遺産分割を確定させることにしていますし、また、多少のトラブルがあっても、そのように努力しなければなりません。申告期限までに遺産分割が確定しない場合は、特典を使わずに申告書を提出するとともに、その理由を届け出ることで、3年間はこの特典を使って支払済みの税金の清算をすることができます。

■ 遺産分割が禁止されるケース

- 遺言による分割の禁止
- 禁止
- 協議による分割の禁止
- 審判による分割の禁止

8 遺産分割協議の流れについて知っておこう

遺産分割協議は相続人全員参加でしなければならない

● 遺産分割協議の方法

　遺産分割協議を開く方法について、とくに法律上の決まりはありません。ただし、遺産分割協議は相続人全員の参加が必要で（代襲相続人、包括受遺者、認知された子の参加も必要です）、1人でも協議に参加していなければ、遺産分割協議は無効になります。遺産分割協議は多数決ではなく、相続人全員の合意により成立します。

　また、法定相続分や指定相続分（30ページ）と異なる割合で遺産分割をしても、相続人全員が協議して納得したものであれば問題ありません。遺産分割協議はいったん成立すると、全員の同意がない限りやり直しはできない点に注意しましょう。税務上は、全員の同意があってもやり直しは否認されます（相続税の更正が認められません）。

● 遺産分割協議の効力

　遺産分割協議の成立時に遺産分割が確定し、相続時に遡って有効になります。被相続人の死亡時に相続が開始され、遺産全体について共同相続人の共有が生じます（可分債権を除く、119ページ）。その後、遺産分割協議が成立して各共同相続人に分割されれば、共有の時期はなかったことになります。ただし、共有状態である間に共有持分権を譲渡した場合、譲渡を受けた第三者の権利を害することができません。

● 協議書は人数分作成する

　遺産分割協議書を作成するかしないかは自由ですが、後日の争いを避けるための証拠として作成しておくべきです。特定の遺産が他の相

続人の所有物になる代わりに金銭を受け取るような場合に、遺産分割協議書の記載が重要な意味をもちます。また、相続による不動産の登記手続きや相続税の申告の際などには、遺産分割協議書を添付することが必要です。

● 遺産の目録を作成する

　まず、遺産の内容を明確にするための目録を作成します。遺産の目録を参照して分割の内容を記入していきます。共同相続人の合意による一部分割は有効ですが（130ページ）、全部の遺産を対象にしていない遺産分割協議は、後から遺産が発見された際に争いとなることがありますから正確に作成します。作成のポイントは以下のとおりです。

① 誰が何をどれだけ相続するのかを明確に記します。
② 誰が目録外の何を代償として、誰にいつまでに支払うのかを記します。あわせて支払がない場合の措置も記します。
③ 第三者に対する遺贈がある場合は、誰がどの程度負担し、どのように処理するかを明記します。
④ 書式は自由です。遺言書ではないので、署名以外についてはワープロで作成した文書でもかまいません。
⑤ 住所については、住民票や印鑑証明書に記載されているとおりに記載します。不動産の所有権移転登記などの法的手続きのために必要になります。
⑥ 土地や建物などの不動産の所在、地番、構造などは、登記事項証明書に記載されているとおりに記載します。
⑦ 預貯金、預り金、株式などは、事前に金額や数を確認します。また、遺産分割協議書に押印するのと同時に、金融機関の請求書など専用書類にも押印し、受領者を確定させます。
⑧ 遺産分割協議書には、上記の事項以外の特記事項を記入してもかまいませんが、後から問題にならないように、それが法的にどんな

意味をもつのか明確にしておきましょう。
⑨　相続人全員が署名し、印鑑証明書を添付します。押印は印鑑証明を受けた実印で行います。署名はサイン（自筆）でも記名でも有効ですが、法的手続きのためには実印で押印する必要があります。作成枚数は、少なくとも遺産分割の参加者の人数分が必要です。
⑩　相続登記の手続きの際に提出する場合は、遺産分割協議書に印鑑証明書の添付が必要です。

● 遺産分割後の手続き

遺産分割が確定して各相続人に帰属する財産が確定しても、その後の手続きが必要です。不動産は所有権移転登記が必要ですし、動産は他人が所持していれば引き渡してもらわなければなりません。また、銀行預金、株式などについては名義変更を行うことになります（121、124ページ）。名義変更自体は義務ではありませんが、名義変更をしなければその財産の新しい所有者になったことを客観的に証明できません。期限は定められていませんが、その後の各種手続きをできるだけスムーズに進めるためには、早めにしておいた方がよいでしょう。

■ 遺産分割協議の流れ

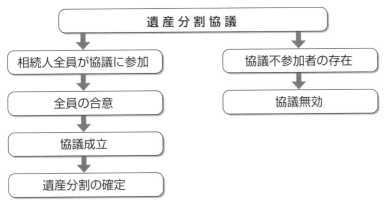

書類に不備がなければ、実印が押された遺産分割協議書に印鑑証明書を添付して登記申請手続きを行うことができます。ただ、遺産分割の確定後に、不動産の名義変更に必要な書類等への押印を拒む相続人がいる場合、調停や訴訟を通じて名義変更手続きを求めることになります。遺産分割協議書が確実に作成されていれば、訴訟や調停での手続きは簡単です。

● 遺産分割協議のやり直し

相続人全員の合意に基づく遺産分割協議は、いったん成立すれば契約と同様に法的拘束力が生じ、一方的にやり直しを主張することはできなくなります。義務を履行しない相続人に対しては、遺産分割協議で決定したことを要求していく他はないのです。ただ、共同相続人全員の合意で遺産分割協議の全部または一部を解除し、改めて協議を成立させることはできます。

また、遺産分割協議から漏れた遺産がある場合には、従来の協議を有効としたままで、その漏れた遺産について別の協議をすることになります。相続人でない者を加えた遺産分割や、相続人の一部を除外した遺産分割協議は無効ですから再協議になります（包括受遺者がある場合にその者を除外した遺産分割協議も無効です）。また、意思表示の無効・取消を定める民法の規定は、遺産分割協議にも適用されます。たとえば、協議中に特定の者による強迫があった場合、強迫を受けた相続人は遺産分割協議の取消が可能です。

なお、遺言書の発見で子の認知が生じた時は、各人の相続分が変更されますが、他の相続人が遺産分割を成立させた後に、認知された子が遺産分割を請求するときは、相続分に相当する価額の支払請求のみが可能です（遺産分割は無効となりません）。ただし、本来相続人になり得なかった人が遺産を取得していた場合、認知された子から遺産分割を請求されたときは、その取得した遺産を返還する必要があります。

未成年者や胎児がいる場合の遺産分割協議はどうする

利益相反がある場合は遺産分割協議の代理人にはなれない

● 特別代理人の選任が必要である

　遺産分割は相続人間の利害に関わることですから、たとえば、親権者（両親など）が未成年者の子の代理人として、自分と未成年者の子の両方の相続分を取り決めることは、民法が禁ずる利益相反行為にあたるので認められません。遺産分割協議は、相続人同士が自分自身の遺産の取り分について、お互いに利害が対立している状況が前提になっており、親権者が未成年者の子の利益を犠牲にして、自分自身の利益のために遺産分割を行うおそれがあるからです。

　このように、未成年者の子と親権者の利益が相反する場合は、親権者が未成年者の子を代理できず、特別代理人の選任が必要です。

　遺産分割につき、親子間の利益が相反する場合として、①親権者（または後見人）も共同相続人であるとき、②親権者（または後見人）が共通する複数の未成年者の子がいるときの2つです。

　これらの場合、親権者（または後見人）は、家庭裁判所に対し未成年者の子の特別代理人の選任を請求する義務があります。この義務を果たさずに、親権者が自分と未成年者の子の両方の相続分を取り決めたとしても、子の追認がない限り無効となります。

● 胎児がいるときの遺産分割協議

　胎児は、相続については生まれたものとみなされるため、遺産分割の当事者になり得ますが、その参加手段に関する決まりはありません。

　しかし、実務上は、胎児が生まれるまでは遺産分割ができない、という考え方に基づいています。なぜなら、胎児の母はまだ親権者では

第3章　遺産分割のルールと分割協議　139

ないからです。胎児の母が親権者に準ずるとしても、母も共同相続人の1人であれば、胎児との利益相反が生じ、胎児に対する代理権を行使できなくなる（特別代理人を選任すべきである）という問題が生じるからです。胎児がいることが判明した場合には、遺産分割は胎児が生まれてからにすべきでしょう。

● 特別代理人の選任の流れ

相続人に未成年者がいる場合、その法定代理人（父母など）も相続人となるときは、未成年者の住所地を管轄する家庭裁判所に対して、特別代理人の選任申立てを行う必要があります。

申立てに必要な書類は、①特別代理人選任申立書、②申立人（親権者）と未成年の子の戸籍謄本、③特別代理人候補者の住民票、④遺産分割協議書案です。

④の遺産分割協議書案は、原則として未成年の子の法定相続分を確保した内容でなければなりませんが、事案によっては法定相続分よりも少ない、あるいはまったく取り分のない遺産分割も認められる場合もあります。この場合、未成年の子の相続分を減らす理由を書いた上申書を作成して、提出することになります。

申立てに不備がなければ、家庭裁判所は特別代理人を選任するための審判を行います。審判が下りれば、選任された特別代理人と他の相続人全員で、家庭裁判所へ提出した遺産分割協議書案に従い、遺産分割協議書を作成し、全員で署名押印をすれば、無事、遺産分割協議が成立することになります。

なお、特別代理人となるためにとくに資格は必要ないことから、遺産分割と利害関係のない祖父母や叔父叔母などが特別代理人に選任されるケースが多いようです。

配偶者に全遺産を相続させる場合はどうする

遺言により有利に相続させることができる

● 配偶者に遺産を全部相続させる

相続人同士で自由意思による合意が得られていれば、相続分と異なる分割をすることは問題ありません。たとえば、以下のような遺産分割をすることも法律的には可能です。

まず、被相続人の配偶者と子が相続人のときに、残された配偶者に老後の不安を与えないため、配偶者に全遺産を相続させる場合です。その後、配偶者が亡くなれば、子が相続することになります。

次に、被相続人に直系卑属も直系尊属もいない場合は、被相続人の兄弟姉妹が相続人になります（10ページ）。しかし、兄弟姉妹には遺留分がありませんから、被相続人が夫婦だけで築いた財産を配偶者だけに残したいと思ったときは、その旨を遺言書に書けばよいのです。「相続させる」としっかり書くのがポイントです。そうすれば、兄弟姉妹は相続人でないことが明らかになり、配偶者だけで相続登記の手続きなどを進めることができます。

■ 配偶者に全財産を遺したいケース

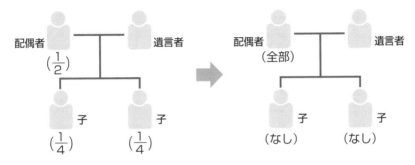

一方、被相続人に直系卑属や直系尊属がいる場合も、同等に遺言を残して配偶者に全遺産を相続させることができますが、後から遺留分減殺請求権（相続法改正後は遺留分侵害額請求権）を行使される可能性があります。その対策としては、住宅ローンなどの支払いの一部を配偶者の収入で賄っていた事実などを明らかにすることで、生前から資産の共有登記・登録をしておくという方法があります。また、生前に家庭裁判所の許可を得て、遺留分を放棄してもらう方法もあります。
　なお、配偶者以外の誰かに遺産を多く残しておきたい場合も、同様に遺言を残す方法で対応します。

 書式　妻に全財産を遺したいときの遺言

遺言書

　遺言者○○○○は本遺言書により次のとおり遺言する。
1　遺言者は妻○○に次の財産を相続させる。
　⑴　遺言者名義のマンション
　　（不動産の表示略）
　⑵　○○銀行○○支店遺言者名義の定期預金（口座番号×××××）
　　すべて
2　本遺言の遺言執行者として次の者を指定する。
　　　住所　東京都○○区○○町○丁目○番○号
　　　氏名　　○○○○
3　付言事項
　　妻○○は、苦しい時代にも愚痴ひとつこぼさず、ひたすら遺言者を支え続け、子どもたち2人を立派に育ててくれた。長男や長女にも相続分があることは理解しているが、自分亡き後、妻○○に憂いなくゆとりを持って人生を暮らしてもらいたく、今回は妻○○に財産の全部を単独相続させる。子どもたち2人は遺留分を主張することなく、お母さんの幸せを温かく見守ってほしい。

平成○○年○月○日
　　　　　　　　　　　　　東京都○○区○○町○丁目○番○号
　　　　　　　　　　　　　　遺言者　　○○○○　㊞

会社や農業などの家業を相続した場合はどうする

実情に応じた妥当な解決を図る

● 家業の会社を相続するには

　家業の会社を相続したい人は、家業の会社の株式を相続することになります。そのためには、株式の時価に相当する代償金を他の相続人に支払うことになります。もし他の相続人で株式を相続したいという人がいる、あるいは株式の価格で協議が調わないときなど、相続人間で遺産分割の話がまとまらないときは、家庭裁判所の遺産分割調停を申し立てましょう。調停でも話がまとまらないときは家庭裁判所の審判にゆだねることになります。

● 個人商店を相続するには

　個人商店（会社にしていない個人経営の商店）を相続するということは、店舗という不動産と、その店舗内にある個々の商品を相続することを意味します。個人商店を相続したい人は、店舗という不動産と、その店舗内にある個々の商品や備品などを単独で相続し、他の相続人には代償金を支払います。

　店舗などの相続について話がまとまらないときは、家庭裁判所に遺産分割調停を申し立てましょう。調停でも話がまとまらないときは、家庭裁判所の審判にゆだねることになります。

● 農家の遺産を相続するには

　農家を相続するということは、家屋敷（家とその敷地のこと）や田畑（農地）という不動産と、農業を営むため農機具などを相続することを意味します。農家を相続したい人は、家屋敷、田畑、農機具など

を単独で相続し、他の相続人には代償金を支払います。

　協議が調わないときは、家庭裁判所に遺産分割調停を申し立てましょう。調停でも話がまとまらなければ、家庭裁判所の審判にゆだねることになります。

　なお、田畑を相続したときは、相続登記の他、市区町村の農業委員会に対する届出が必要となります。この届出は相続を知った時から10か月以内に行わなければならず、届出を怠ったり、虚偽の届出をしたときには10万円以下の過料に処せられる場合があります。

書式　農地を相続人の1人に単独相続させたいときの遺言

遺言書

　遺言者○○○○は本遺言書により次のとおり遺言する。
1　家業の農業を引き続き行っていけるよう、農地の全部を遺言者の長男○○○○に相続させる。
2　同じく長男○○に、一切の農業用動産及び当面の運転資金として○○農協の遺言者名義の定期預金1000万円を相続させる。
3　その他の財産は、遺言者の長女○○○○、二男○○○○に均等に相続させる。
4　本遺言により、長女、二男の両名の相続分は遺留分を下回ることになるが、両名はそれぞれ公務員、建築家として地歩を固めており、また農業を継ぐ意思がないことを本人たちも表明している。農地を細分化することは効率的農業の実施上死活問題となるので、遺留分の主張を行わないよう切に希望する。

平成○○年○月○日

　　　　　　　　　　　　　　　　　　○○県○○郡○○町○番地
　　　　　　　　　　　　　　　　　　遺言者　○○○○　㊞

第4章

相続登記のしくみと手続き

相続登記について知っておこう

不動産を相続した場合に登記申請を行う

● どんな場合に必要になるのか

　不動産の所有者が死亡した場合、その不動産の持ち主が不在となるため、相続登記という相続人に対する名義変更の手続きが必要です。具体的には、死亡者（被相続人）から相続人に対する相続を原因とした不動産の所有権移転登記を行います。登記申請書には、相続人の住所・氏名（共有の場合は各人の持分）と相続年月日を記載します。

　不動産の相続については、法定相続分で登記するケースが考えられます。たとえば、相続する不動産が１つで相続人の人数が複数だとすると、法定相続分に従い不動産を共有することになります。また、遺産分割協議や遺言書に従って、特定の相続人が特定の不動産を相続するという内容などで登記するケースも考えられます。

　相続人が１人しかいない場合は、遺産分割協議の問題はなく、その相続人名義に登記をすることになりますが、相続人が１人しかいないケースというのは少なく、相続人が複数いるのが普通です。そのような場合は、法定相続分で登記するケースよりも、特定の相続人が単独で不動産を相続するか、あるいは法定相続分とは異なる割合で相続することの方が多いといえるでしょう。

　遺産分割協議の成立後に相続登記を申請する場合、民法の規定どおりの相続分（法定相続分・指定相続分）に従って相続の登記を行った後から、相続人間の遺産分割協議の結果に沿った登記をするのが本来の順序です。ただ、これは二度手間ですから、直接に遺産分割協議の結果に沿った相続を原因による所有権移転登記を申請する方法も認められています。通常はこの方法をとります。

相続登記をしないと起こる可能性のある紛争

遺産分割協議が成立したものの、相続登記をせずに放置した場合のトラブルの例を挙げておきましょう。たとえば、Aが死亡し、相続人は2人の子B・Cだけで、彼らがAの土地を相続したとします（法定相続分は2分の1ずつ）。BC間で遺産分割協議が成立し、土地をBが単独で相続することになりました。しかし、Bの単独所有権の登記がなされる前に、Cが自己の相続分（2分の1）について相続登記を行い、その相続分を第三者Dに売却してしまいました。

この場合、Dが背信的悪意者（登記の不存在を主張することが信義則に反する悪質な者）でない限り、Bは、Dに対して土地の単独所有権を主張できず、Cの相続分はDが取得します。つまり、Bは、遺産分割協議で土地の単独所有権を取得したはずなのに、土地について2分の1の持分（自己の相続分）しか取得できなくなるのです。

■ 相続登記をめぐるトラブル

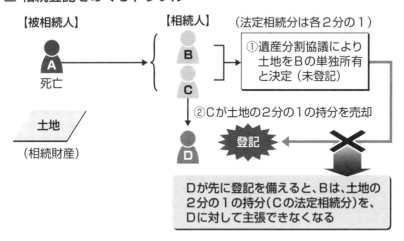

相続登記申請時にはどんな書類を提出するのか

登記申請時には登録免許税を納付する

◉ 申請にはどんな書類が必要か

相続登記を申請するには、以下の書類が必要になります。

① 登記申請書

「相続」という登記原因、相続発生の年月日、相続人（申請人）の住所・氏名、不動産の表示といった登記事項などを記載します。

② 登記原因証明情報

相続を登記原因とする所有権移転登記を申請するには、登記原因証明情報として、被相続人の出生から死亡までの連続した戸籍（除籍、改製原戸籍）謄本と、相続人の戸籍謄本の他、遺産分割協議書や遺言書などが必要です。遺産分割協議書には、原則として相続人全員の印鑑証明書を添付します。自筆証書遺言を添付する場合は、家庭裁判所が発行する検認済証明書も併せて提出することが必要です。

なお、2018年の相続法改正では、法務局で自筆証書遺言を保管する制度が創設され、法務局で保管された自筆証書遺言については家庭裁判所の検認手続きは不要となります。

③ 住所証明書

相続人の実在性を証明するために、市区町村の発行した住民票の写しを登記申請書に添付します。印鑑証明書でもかまいません。

④ 代理権限証書

相続人に代わり司法書士などの代理人が登記申請を行う場合は、代理権を証する書面として委任状を添付します。委任状には、代理人の住所・氏名を記入し、相続による所有権移転登記を委任する旨、不動産の表示などを記入します。作成年月日も必ず記入しましょう。最後

に委任者の住所・氏名を記入し、押印します。

⑤　固定資産評価証明書

　登記申請書には、登録免許税の額と、課税価格（登録免許税を算出する課税対象となる不動産の価額）の1000円未満を切り捨てた額を記載します。登記申請書に記載する課税価格は、地方税法による固定資産課税台帳に登録された不動産の価額をもとに計算しますので、市区町村の発行する申請年度分の固定資産評価証明書を登記申請書に添付しなければなりません（添付不要の法務局もあります）。

　なお、登記申請時には登録免許税を納付します。登録免許税を納付しない登記の申請は却下されます。現金納付した上で、領収証書を登記申請書に貼り付けて申請するのが原則ですが、印紙納付も認められており、こちらが一般的です。

　現金納付の方法による場合には、郵便局や銀行など指定の納付場所で納付し、その領収証を登記申請書に貼り付けて法務局に提出します。印紙納付の場合には、登録免許税に相当する金額の収入印紙を登記申請書に貼り付けて法務局に提出します。申請書に貼り付ける余白のない場合は、別の白紙（台紙）に貼り付けて、申請書に綴じ込み、申請書と台紙との綴り目に申請人が契印してください。

■ 登録免許税の例

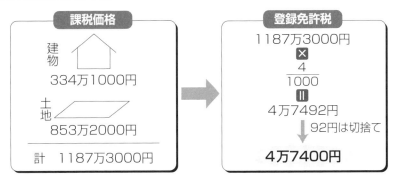

相続登記の登記原因証明情報について知っておこう

相続が発生したことを証明するもの

● 登記原因証明情報とは

「相続」という登記原因が発生した事実を証明するためには、登記原因証明情報として、被相続人が死亡した旨の記載のある戸籍謄本が必要です。しかし、これだけでは不十分で、以下の書面が必要です。

① 戸籍謄謄本や除籍謄本など

被相続人については、死亡した旨の記載のある戸籍謄本の他、死亡時から遡って出生時または12〜13歳頃までの記載がある戸籍謄本、除籍謄本、改製原戸籍謄本が必要です。これによって、被相続人の生涯にわたって、養子を含めた子がいるか、認知した子はいるか、などといった情報を確認することができます。そして、最終的に相続人となる者が誰であるのかを確定することができます。

また、相続人全員が実在していることを証明するために、相続人全員の戸籍謄本を添付することも必要です。なぜなら、被相続人が死亡する前に、相続人になると思われていた者（推定相続人）が死亡していると、代襲相続が発生する場合や、相続順位の低い者が相続人となる場合があるからです。被相続人の死亡日以降も相続人が存命している点を、ここで確定しておくことが重要です。

② 被相続人の除住民票（または戸籍の附票）の写し

相続による所有権移転登記は、不動産の所有者について相続という登記原因が発生した場合に行うことができるものです。そこで、登記簿（登記記録）上の所有者と被相続人が同一人物であることを証明するために、被相続人の除住民票（住民票の除票）の写しまたは戸籍の附票の写しを提供しなければなりません。登記簿上の所有者の住所・

氏名と被相続人の住所・氏名が同一であることをこれらの書類で証明します。

除住民票に記載された者が戸籍謄本に記載された者と同一人物であることを証明するため、除住民票の写しには本籍の記載も必要です。

一方、除住民票の写しや戸籍の附票の写しに記載された被相続人の最後の住所と登記簿上の住所が異なる場合は、登記簿上の住所から最後の住所までの連続性を証する書面の提供が必要です。被相続人と登記簿上の所有者が同一人物であることを証明するためです。

除住民票は被相続人が亡くなってから5年、戸籍の附票は除票となってから5年が経過すると保存期間が切れるため、これらを取得できないこともあります。その場合は、除住民票や戸籍の附票の廃棄済証明書および上申書（相続人全員の署名または記名と実印による押印があるもの）などの書類で、被相続人と登記簿上の所有者との同一性を証明することになります。

③ 代襲相続が発生している場合

代襲相続とは、配偶者や直系尊属を除く相続人が、被相続人よりも先に亡くなっている、あるいは相続欠格に該当している、または相続廃除をされている場合に、本来の相続人（被代襲者）の代わりに、その子など（代襲相続人）が代わりに相続することをいいます。つまり、相続人が子と兄弟姉妹の場合に代襲相続が認められます。たとえば、被相続人の子が先に亡くなっていた場合、その子に子（被相続人から見れば孫）がいれば、被相続人の孫が子の代襲相続人となります。この場合、代襲相続が発生したことを証明するため、被代襲者の出生から死亡までの戸籍（除籍、改製原戸籍）謄本と、代襲相続人全員の現在の戸籍謄本が登記原因証明情報の一つとして必要となります。

④ 遺産分割協議書

遺産分割協議の内容に従って相続登記をする場合は、協議内容を証明するために遺産分割協議書を登記原因証明情報の一部として提供し

なければなりません。遺産分割協議書には原則として相続人全員の印鑑証明書を添付します。遺産分割が家庭裁判所の審判か調停によって行われたときは、その審判書か調停調書の正本を添付します。

　未成年者と同時にその法定代理人（未成年者の親など）も相続人となるときは、家庭裁判所で特別代理人を選任してもらう必要があります。この場合、未成年者本人に代わり特別代理人が署名押印するため、特別代理人の印鑑証明書および家庭裁判所の特別代理人選任審判書の正本を申請書に添付する必要があります。

⑤　相続分皆無証明書（相続分のないことの証明書）

　被相続人から特別受益（41ページ）にあたる贈与や遺贈を受けた相続人（特別受益者）は、とくに贈与や遺贈をされた財産の価値が、その人の相続分の価値と同じか、または相続分を超えていると、相続分を受けることができません。この場合、特別受益者が相続分のないことの証明書（特別受益証明書など）を登記原因証明情報の一部として提供します。証明書には、証明者が署名（記名）押印します。押印は実印でする必要があり、印鑑証明書も必要です。

　遺産分割協議の中で特別受益者が何も相続しない旨を定めた場合は、遺産分割協議書によって特別受益者の相続分がないことを証明できますので、特別受益証明書などの作成は不要となります。

⑥　相続放棄申述受理証明書

　相続人の中に相続を放棄した者がいる場合、その者は最初から相続人ではなかったことになります。したがって、相続人の全員が誰であるかを証明する書類の一部として、家庭裁判所から交付された「相続放棄申述受理証明書」を提供します。相続放棄申述受理証明書の代わりに「相続放棄等の申述有無についての照会に対する家庭裁判所からの回答書」を添付しても問題ありません。

・遺言書

　相続分の指定、遺産分割方法の指定、相続人の廃除は遺言で行うこ

とができます。遺言書に基づいて相続を原因とする所有権移転登記を申請する場合は、遺言書も登記原因証明情報の一部となります。ただし、公正証書遺言以外の遺言書は、家庭裁判所で検認を受ける必要があります（相続法改正後は自筆証書遺言が検認不要となる場合あり、108ページ）ので、家庭裁判所が発行する検認済証明書を添付します。

・相続関係説明図

　戸籍謄本や除籍謄本などの原本還付を請求する場合、相続関係説明図を作成して、これを登記申請書に添付すれば、コピーを添付する必要はなく、登記完了後に原本が返却されます。ただし、相続関係説明図で原本還付を受けられるのは戸籍謄本や除籍謄本などに限られ、遺産分割協議書、遺言書、住所証明書などの原本還付を受けるには、コピーを添付する必要があります。

　相続関係説明図の書き方はとくに法定されているわけではなく、用紙のサイズにも制限はありません。一般的には、まず、被相続人の最後の本籍、最後の住所、登記簿上の住所を記載します。次に、被相続人と相続人の関係を家系図の要領で作成します。それから、作成した家系図に、被相続人の死亡年月日、相続人それぞれの関係性（妻、長男など）、相続の内容（法定相続か遺産分割か、相続人に放棄者や特別受益者がいるかなど）などを盛り込みます。

■ 相続による所有権移転登記の登記原因証明情報

・被相続人の出生から死亡までの連続した戸籍（除籍、改製原戸籍）謄本
・被相続人の住民票の除票（本籍地および死亡の記載があるもの）
・相続人の戸籍謄本（現在戸籍）

上記に加えて、下記書類の添付が必要です。

遺産分割協議による場合	遺産分割協議書 ＋ 相続人全員の印鑑証明書
遺言による場合	公正証書遺言 自筆証書遺言 ＋ 検認済証明書
相続人の中に相続放棄をした者がいる場合	相続放棄申述受理証明書

相続に関する登記申請書類はどのように作成するのか

登記申請書類には被相続人の氏名の記載が必要である

● 相続による所有権移転登記に関する注意点

　相続登記における登記原因証明情報では、①被相続人の死亡の事実、②死亡年月日、③相続人となる者の証明が必要です。このため、被相続人の出生から死亡までの連続した戸籍（除籍、改製原戸籍）謄本の提出が要求されます。また、相続人となる者が現に存在することを証明するため、相続人の戸籍謄本（抄本でも可）の添付も必要です。

　この他、登記原因証明情報としては、登記簿上の住所と戸籍に記載されている本籍とのつながりを証明するため、被相続人の住民票の除票の写しが必要です。また、遺言書があれば遺言書の添付も要しますが、公正証書遺言以外の場合は家庭裁判所の検認が必要で、検認を経ていない遺言書を提出した場合は、申請が却下されます（相続法改正後は法務局で保管されている自筆証書遺言は検認手続きが不要となります、108ページ）。また、遺産分割協議が成立している場合は、相続人全員が署名押印した遺産分割協議書に印鑑証明書を添付して申請します。そして、相続人の中に相続放棄をした者がいる場合は、家庭裁判所が発行した相続放棄申述受理証明書の添付が必要です。

　相続関係説明図を提出した場合は、原本還付の際に、被相続人の戸籍（除籍、改製原戸籍）謄本および相続人の戸籍謄本（抄本）のコピーの提出を省略することができます（前ページ）。

　これら登記原因証明情報の他、添付書類として、住所証明書、代理権限証書、固定資産評価証明書が必要です（149ページ）。また、登録免許税として課税価格の1000分の4を納付します（149ページ図）。

● 登記の目的、登記原因の記載の仕方

　登記の目的は「所有権移転」です。登記原因は「平成〇年〇月〇日相続」とし、日付は戸籍謄本などに記載された死亡日を記載します。

　相続登記の場合は、相続人による単独申請が認められています。相続人が複数いる場合は、相続の方法により申請人となる者が異なることから、以下具体的に説明します。たとえば、被相続人がA、相続人が子B・Cの場合に、①法定相続分で登記をするときは、相続人のうち1人が単独で登記申請ができます。この場合（ここではBの単独申請）の申請書の記載は、下記のようになります。

```
相続人（被相続人A）
東京都目黒区××一丁目2番3号
（申請人）持分2分の1　B
東京都目黒区××二丁目1番2号
持分2分の1　C
```

　一方、②遺産分割協議または遺言書によりBが単独で取得した場合は、Bが単独で登記申請し、申請書に「相続人（被相続人A）住所B」と記載します。

■ 登記申請に必要なもの

登記申請書 ＋ 添付書類
- 登記原因証明情報
  └ 戸籍（除籍、改製原戸籍）謄本　遺産分割協議書 など
- 住所証明書
- 代理権限証書（代理権限証明情報）
- 固定資産評価証明書

書式　相続した場合の登記申請書

登　記　申　請　書

登記の目的　　所有権移転
原　　因　　　平成○○年○月○日相続
相　続　人　　（被相続人　鈴　木　隆　志）
　　　　　　　東京都○○区○○町○丁目○○番地
　　　　　　　　　　　鈴　木　広　志　㊞
　　　　　　　　　連絡先の電話番号　００-００００-００００
添付書類
　　　登記原因証明情報　住所証明書
☐ 登記識別情報の通知を希望しません。

平成○○年○月○日申請　　○○法務局　　○○支局
課税価格　金○○○○万円
登録免許税　金○○万円
不動産の表示
　　所　　在　　○○市○○町○丁目
　　地　　番　　○○番○
　　地　　目　　宅地
　　地　　積　　○○.○○㎡
　　　　　　　　　　　価格　金○○○○万円

　　所　　在　　○○市○○町○丁目○番地
　　家屋番号　　○○番○
　　種　　類　　居　宅
　　構　　造　　木造瓦葺2階建
　　床面積　　　1階　○○.○○㎡
　　　　　　　　2階　○○.○○㎡
　　　　　　　　　　　価格　金○○○○万円

書式　遺産分割協議書

遺産分割協議書

本　　　籍　東京都○○区○○町○丁目○○番地
最後の住所　東京都○○区○○町○丁目○○番○○号
被 相 続 人　鈴 木 隆 志（平成○○年○○月○○日死亡）

　上記の者の相続人全員は、被相続人の遺産について協議を行った結果、次のとおり分割することに合意した。
1．相続人鈴木広志は次の財産を取得する。
　【土地】
　　　所　　在　東京都○○区○○町○丁目
　　　地　　番　○○番○
　　　地　　目　宅地
　　　地　　積　○○○.○○㎡
　【建物】
　　　所　　在　東京都○○区○○町○丁目
　　　家屋番号　○○番○
　　　種　　類　居宅
　　　構　　造　木造瓦葺２階建
　　　床 面 積　１階　○○.○○㎡
　　　　　　　　２階　○○.○○㎡
　【預貯金】
　　　○○銀行○○支店　普通預金　口座番号○○○○
2．本協議書に記載のない遺産及び後日判明した遺産については、
　相続人鈴木広志が取得する。

　以上のとおり、遺産分割協議が成立したので、本協議書を２通作成し、署名押印の上、各自１通ずつ所持する。

平成○○年○○月○○日
　　住　　　所　東京都○○区○○町○丁目○○番○○号
　　　　　　　　相続人　鈴 木 広 志　㊞
　　住　　　所　東京都○○区○○町○丁目○○番○○号
　　　　　　　　相続人　鈴 木 恭 子　㊞

書式　相続関係説明図

被相続人　鈴木隆志　相続関係説明図

最後の本籍　　　東京都○○区○○町○丁目○○番地
最後の住所　　　東京都○○区○○町○丁目○○番○○号
登記簿上の住所　東京都○○区○○町○丁目○○番○○号

```
                                  ┌─ (相続人)
                                  │  長男　鈴木広志
              平成○○年○月○日死亡│     昭和○○年○月○日生
(被相続人) 鈴木隆志 ───────────────┤     住所　東京都○○区○○町
                                  │          ○丁目○番○号
                                  │
              妻　鈴木順子         │
                  昭和○○年○月○日生
                  昭和○○年○月○日死亡
                                  └─ (遺産分割協議者)
                                     長女　鈴木恭子
                                        昭和○○年○月○日生
                                        住所　東京都○○区○○町
                                             ○丁目○番○号
```

相続を証する書面は還付した　㊞

書式　特別受益証明書

証明書

私は、生計の資本として被相続人から、すでに財産の贈与を受けており、被相続人の死亡による相続については、相続する相続分の存しないことを証明します。

　平成○○年○月○日
　　（本籍）東京都○○区○○町○丁目○番地
　　　　　　被相続人　鈴木隆志
　　（住所）東京都○○区○○町○丁目○○番○号
　　　　　　右相続人　鈴木恭子　　㊞

申請書類の綴じ方や補正について知っておこう

不備があっても後から訂正できる

● 申請書類を整理しておく

　申請書や添付書類の大きさ、綴じ方は法律で決められているわけではありませんが、現在ではＡ４横書きで作成し、添付書類と共に左側を綴じるのが一般的です。申請書を作成し、添付書類がそろったら、再度書き残しや間違いがないかを確認し、次ページ図のような順序で綴じます。さらに、以下のグループ別に分けた書類を大型のクリップでとめて提出します。

① **Ａグループ（法務局へ提出用の書類）**

　提出用に必要な書類は、登記申請書、登録免許税納付用台紙、相続関係説明図、原本還付を受ける書類（原本）のコピー（遺産分割協議書、印鑑証明書、住民票の附票の写し、住民票の写し、固定資産評価証明書などのコピー）、委任状などです。これらの書類を重ねて、左側をホチキスやこよりなどで綴じます。

② **Ｂグループ（申請人に返還されるもの）**

　原本還付を受ける書類です。Ａグループで相続関係説明図を添付すれば、戸籍謄本などはコピーなしで原本還付されます（153ページ）。

● 補正が必要になる

　登記申請書に何の不備もなければ、記入係に回されて、登記記録に記録されます。申請書に不備が見つかった場合でも、その不備を補正できるのであれば、登記官は申請を却下せずに、申請人に対して補正を指示します。しかし、補正できない（または申請人が補正しない）場合、申請は却下されることになります。実務では不備を説明した上

で、申請人に取下げを促している場合も多いようです。

　登記申請をする場合、登記申請書に申請人の電話番号などの連絡先を記載することになっています。申請書や添付書類に不備があり、そのままでは登記の実行ができない場合、いつまでに補正を行うように法務局から電話がかかってきます。そこで、補正の指示があった場合には、補正期限内に法務局に行き、補正をすることになります。なお、登記官には、補正の必要がある場合に必ず申請人に連絡をする義務があるわけではありませんが、通常、そのままでは登記できない不備がある場合には、連絡があるといえるでしょう。

　なお、不動産登記の場合は、郵送で書面申請を行ったとしても、郵送で補正をすることができず、申請先の法務局に行って補正する必要がある点に注意を要します。なお、オンライン申請の場合は、補正もオンラインで行うことになります（法務局での補正は不可）。

■ 申請書の綴じ方

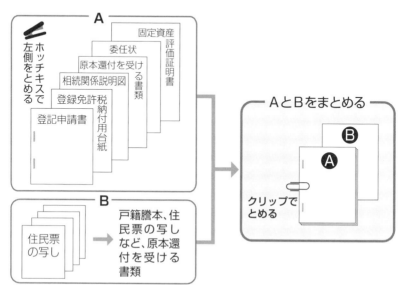

6 遺贈の登記手続きについて知っておこう

遺言執行者の有無により記載の仕方が変わってくる

● 遺贈に関する登記申請書類の作成の際の注意点

　遺言によって、相続財産の全部または一部を無償で譲渡することを**遺贈**といいます。

　遺贈を登記原因とする登記は、受遺者を権利者とし、遺贈者である登記名義人を義務者として申請することになります。ただし、遺贈者はすでに死亡していることから、遺言などで指定された遺言執行者がいる場合は、その者が登記申請を行い、遺言執行者がいない場合は、遺贈者の相続人の全員が登記申請を行います。

　この際、登記申請書の義務者の欄には、遺言執行者がいる場合は「亡甲野次郎」と遺贈者の氏名・住所を記載し、遺言執行者がいない場合は「亡甲野次郎相続人　甲野花子」と相続人の氏名・住所を記載します。遺言執行者が司法書士などの代理人に登記申請を依頼する場合には、遺言執行者を委任者とする委任状を作成し、実印を押印した上で遺言執行者の印鑑証明書を添付します。つまり、登記申請書には遺言執行者の氏名・住所が明記されません。

　登記原因証明情報としては、①遺言書と共に、②遺贈者の死亡を証明する情報（死亡の記載のある戸籍謄本など）を提供しなければなりません。もっとも、相続を原因とする登記とは異なり、遺贈者の戸籍謄本は出生まで遡る必要はありません。

　この他、代理権証明情報としては、遺言により遺言執行者が指定されている場合は遺言書と遺言者の死亡の記載のある戸籍謄本を、家庭裁判所が遺言執行者を指定した場合は遺言書と家庭裁判所の選任審判書の正本を、それぞれ提供します。一方、遺言執行者がいない場合は、

第4章　相続登記のしくみと手続き

相続証明情報として、相続人であることを証する戸籍謄本を提出します。

登録免許税は、課税価格（固定資産評価証明書に記載された価格のうち1000円未満を切り捨てた金額）の1000分の20です（100円未満は切り捨て）。なお、相続人が受遺者となる場合は、課税価格の1000分の4です（100円未満は切り捨て）。この場合、受遺者が相続人である旨を証明する書面（戸籍謄本など）を提出する必要があります。

● その他気をつけること

遺贈者である所有権の登記名義人について、登記簿上の住所と死亡時の住所が異なるときは、遺贈の登記に先立ち、所有権の登記名義人の住所変更登記を申請しなければなりません。住所変更登記の申請は、遺言執行者または相続人（うち1人でも申請可）が行うことになりますが、受遺者が代位して単独で登記申請を行うこともできます。

■ 遺贈のケースごとの登記義務者と代理権限証明情報

	登記義務者	代理権限証明情報
遺言書で遺言執行者が指定されている場合	遺贈者	・遺言書※ ・遺贈者の死亡の記載のある戸籍謄本
家庭裁判所で遺言執行者が指定されている場合	遺贈者	・遺言書※ ・家庭裁判所の選任審判書の正本
遺言執行者の指定がない場合	遺贈者の相続人	・遺言書※と死亡の記載のある戸籍謄本は登記原因証明情報となる ・相続証明情報として相続人であることを証する戸籍謄本を提出

※公正証書遺言以外の遺言書（自筆証書遺言など）の場合は、家庭裁判所の検認済証明書の添付が必要です。ただし、相続法改正後は、自筆証書遺言について検認不要となる場合があります。

書式　遺贈による所有権移転登記申請書（遺言執行者を選任する場合）

登　記　申　請　書

登記の目的　　　　所有権移転
原　　因　　　　　平成〇〇年〇月〇日遺贈
権　利　者　　　　〇〇市〇〇町〇丁目〇番地
　　　　　　　　　　　鈴　木　花　子
義　務　者　　　　〇〇市〇〇町〇丁目〇番地
　　　　　　　　　　　亡　甲　野　次　郎
添付書類
　　　登記識別情報又は登記済証　登記原因証明情報
　　　印鑑証明書　住所証明書　代理権限証明情報
登記識別情報（登記済証）を提供することができない理由
　　　□不通知　□失効　□失念　□管理支障　□取引円滑障害
　　　□その他（　　　）　□登記識別情報の通知を希望しません。
平成〇〇年〇月〇日申請　　〇〇法務局　　〇〇支局
　　代理人　〇〇市〇〇町〇番地
　　　　　　　司法書士　吉田太郎　㊞
　　　　　　　連絡先の電話番号03－〇〇〇〇－〇〇〇〇
課税価格　　金〇〇〇〇万円
登録免許税　金〇〇万円
不動産の表示
　　所　　在　〇〇市〇〇町〇丁目
　　地　　番　〇〇番〇
　　地　　目　宅地
　　地　　積　〇〇.〇〇㎡

書式　遺言書（遺言執行者を選任する場合）

遺　言　書

　遺言者甲野次郎は、次のとおり遺言する。

第1条　遺言者は遺言者が所有する次の不動産を、内縁の妻鈴木花子（昭和○年○月○日生、○○市○○町○丁目○番地在住）に遺贈する。

　　土地
　　　所　　在　　○○市○○町○丁目
　　　地　　番　　○○番○
　　　地　　目　　宅地
　　　地　　積　　○○.○○㎡

第2条　遺言者は前条記載の財産を除く、遺言者の有するその他一切の財産は、長女甲野花子（昭和○○年○月○日生）に相続させる。

第3条　遺言者は、本遺言の実現のため遺言執行者として次の者を指定する。

　　　　　○○市○○町○番地
　　　　　　司法書士　吉田太郎
　　　　　　（昭和○年○月○日生）

平成○○年○月○日

　　　　　　　　　　　　　　　　○○市○○町○丁目○番地
　　　　　　　　　　　　　　　　　甲　野　次　郎　㊞

書式　遺贈による所有権移転登記申請書（遺言執行者の選任がない場合）

　　　　　　　　　　登　記　申　請　書

登記の目的　　　　所有権移転
原　　因　　　　　平成○○年○月○日遺贈
権　利　者　　　　○○市○○町○丁目○番地
　　　　　　　　　　　　鈴　木　一　郎
義　務　者　　　　○○市○○町○丁目○番地
　　　　　　　　　亡甲野次郎相続人　甲野花子
　　　　　　　　　○○市○○町○丁目○番地
　　　　　　　　　亡甲野次郎相続人　甲野太郎
添付書類
　　　登記識別情報又は登記済証　登記原因証明情報
　　　印鑑証明書　住所証明書　代理権限証明情報
登記識別情報（登記済証）を提供することができない理由
　　　□不通知　□失効　□失念　□管理支障　□取引円滑障害
　　　□その他（　　　）　□登記識別情報の通知を希望しません。
平成○○年○月○日申請　　○○法務局　　○○支局
　代理人　○○市○○町○番地
　　　　　　司法書士　吉田太郎　㊞
　　　　　　連絡先の電話番号03－○○○○－○○○○
課税価格　　金○○○○万円
登録免許税　金○○万円
不動産の表示
　　所　　在　○○市○○町○丁目
　　地　　番　○○番○
　　地　　目　宅地
　　地　　積　○○.○○㎡

書式　遺言書（遺言執行者の選任がない場合）

遺 言 書

　遺言者甲野次郎は、次のとおり遺言する。

第1条　遺言者は遺言者が所有する次の不動産を、お世話になった友人鈴木一郎（昭和○年○月○日生、○○市○○町○丁目○番地在住）に遺贈する。

【土地】
　　所　　在　○○市○○町○丁目
　　地　　番　○○番○
　　地　　目　宅地
　　地　　積　○○.○○㎡

第2条　遺言者は、遺言者が所有する次の不動産を、長男甲野太郎（昭和○○年○月○日生）に相続させる。

【土地】
　　所　　在　○○市▲▲町○丁目
　　地　　番　○○番○
　　地　　目　宅地
　　地　　積　○○.○○㎡

第3条　遺言者は前二条記載の財産を除く、遺言者の有するその他一切の財産は、長女甲野花子（昭和○○年○月○日生）に相続させる。

平成○○年○月○日

　　　　　　　　　　　　　　　○○市○○町○丁目○番地
　　　　　　　　　　　　　　　　　甲　野　次　郎　㊞

死因贈与の登記手続きについて知っておこう

登記原因はともに贈与となる

● 死因贈与の登記申請に関する注意点

死因贈与の場合、登記申請時には贈与者はすでに死亡していることから、後のトラブルを防止するため、登記原因証明情報となる死因贈与契約書には、執行者（死因贈与契約を履行する者）を定め、公正証書で作成しておくことが望ましいといえます。申請書に添付する印鑑証明書は、執行者の定めがある場合は、その執行者のものを、執行者の定めがない場合は、贈与者の相続人全員のものが必要になります。また、相続人が登記義務者となる場合は、戸籍謄本など相続があったことを証する書面を添付する必要があります。

執行者の定めがある場合、その者の権限を証する書面として、死因贈与契約書が公正証書で作成されている場合は公正証書、私署証書（私人が作成した署名または記名押印のある契約書などの文書のこと）の場合は、当該文書に押印した贈与者の印鑑証明書または贈与者の相続人全員の承諾書と印鑑証明書の添付が必要になります。

● 登記の目的や登記原因の記載の仕方

登記の目的は「所有権移転」であり、登記原因は「平成○年○月○日贈与」と記載します。日付は死因贈与の効力が生じた日（死亡日）です。登記権利者は受贈者、登記義務者は贈与者です。なお、死因贈与契約書に執行者の定めがある場合は執行者、定めがない場合は贈与者の相続人全員が登記義務者となります。

登録免許税は、原則として課税価格（固定資産税評価証明書に記載された価格、1000円未満切捨て）の1000分の20です。

書式　死因贈与が行われた場合の登記申請書

登　記　申　請　書

登記の目的　　　　所有権移転
原　　　因　　　　平成○○年○月○日贈与
権　利　者　　　　○○市○○町○丁目○番地○
　　　　　　　　　（住民票コード○○○○○○○○○○）
　　　　　　　　　佐　藤　一　郎
義　務　者　　　　○○市○○町○丁目○番地○
亡山田良子相続人　東京都○○市○○町○丁目○番地
　　　　　　　　　山　田　花　子
添付情報
　　登記識別情報又は登記済証　登記原因証明情報
　　代理権限証明情報　印鑑証明書　住所証明情報　相続証明情報
登記識別情報（登記済証）を提供することができない理由
　　□不通知　□失効　□失念　□管理支障　□取引円滑障害
　　□その他（　　　）　□登記識別情報の通知を希望しません。

平成○○年○月○日申請　　○○法務局○○支局（出張所）
　　　　　　　　代理人　○○市○○町○番地
　　　　　　　　　　　　司法書士　吉田太郎　㊞
　　　　　　　　　　　　連絡先の電話番号03－○○○○－○○○○
課税価格　　　　金○○○○円
登録免許税　　　金○○○○円

不動産の表示
所　　在　　東京都○○市○○町一丁目
地　　番　　○○番○
地　　目　　宅地
地　　積　　○○.○○㎡

書式　死因贈与契約書

死因贈与契約書

　贈与者山田良子（以下「甲」という）と、受贈者佐藤一郎（以下、「乙」という）とは、死因贈与（以下「本贈与」という）に関し、以下のとおり、契約する。

第1条（目的）　甲は、甲の所有する以下記載の物件（以下「本物件」という）を乙に贈与することを約し、乙はこれを受諾した。
　土地
　所　　在　東京都〇〇市〇〇町一丁目
　地　　番　〇〇番〇
　地　　目　宅地
　地　　積　〇〇.〇〇㎡

第2条（契約の効力）　本贈与は、甲の死亡により効力を生じ、本物件の所有権は甲から乙に移転するものとする。

第3条（乙の死亡）　万が一、甲が死亡するより先に乙が死亡したときには、本贈与は、その効力を生じないものとする。

　以上のとおり、契約が成立したことを証するために、本書2通を作成し、甲乙記名押印の上、各自1通を保有する。

平成〇〇年〇月〇日

　　　　　　　　　　　　　　〇〇市〇〇町〇丁目〇番地〇
　　　　　　　　　　　（甲）　　山田　良子　　㊞
　　　　　　　　　　　　　　〇〇市〇〇町〇丁目〇番地〇
　　　　　　　　　　　（乙）　　佐藤　一郎　　㊞

法定相続情報証明制度について知っておこう

相続手続きに必要な書類の提出・還付の繰り返しが避けられる

● どんな制度なのか

　法定相続情報証明制度は、相続に必要なさまざまな書類について、関係役所等に行くたびに、提出・還付の手続きを繰り返さなければならない点を改善するための制度です。相続人等が登記所に法定相続情報一覧図を提出することで、認証文が付けられた法定相続情報一覧図の写しの交付を受けることができます。

　では、なぜ法定相続情報証明制度が必要になったのでしょうか。たとえば、不動産を所有していた被相続人が死亡した場合に、この不動産を相続する相続人は、相続を原因とする所有権移転登記の申請を行う必要があります。しかし、この申請を行うためには、被相続人の除籍謄本や住民票の除票の写し、そして被相続人が出生してから死亡するまでの戸籍関係の書類を準備しなければなりません。また、相続人が正当な相続人であることを証明するために、相続人自身の戸籍謄本などを準備しなければなりません。この他にも、相続関係説明図など、必要な書類は膨大にのぼります。

　しかも不動産だけでなく、遺産として預貯金や証券口座がある場合には、銀行・郵便局や証券会社にも、同様に戸籍関係書類などを提出する必要があります。このとき、相続人は先に所有権移転登記の申請手続きを行っていれば、登記所（法務局）から必要な書類の原本を還付してもらい、改めて銀行などに提出しなければなりません。

　以上のように、膨大な書類を行き来させなければならない従来の法定相続制度は、煩わしさが大きく、相続を原因とする所有権移転登記手続きを避け、放置されたままの不動産が増加していると指摘されて

いました。

　そこで、法定相続証明制度では、あらかじめ法定相続情報一覧図の認証を受けていれば、原則として法定相続一覧図の写し1枚を提出することで、各種手続きを行うことが可能になりました。

● どんな手続きをするのか

　法定相続情報証明制度の利用を希望する相続人（または一定の代理人）は、登記所に対して、相続人の出生から死亡までの戸籍関係の書類と戸籍謄本などに基づいて作成した法定相続情報一覧図を提出します。その後、登記官が確認の上、認証文付きの法定相続情報一覧図の写しの交付を受けることができます。法定相続情報一覧図には、被相続人の氏名・最後の住所・死亡年月日など、相続人の氏名・住所・被相続人との関係などが記載されます。

　相続人は、各種相続手続きを行う上で、各種機関に対して、この法定相続情報一覧図の写しを提出すればよく、大量の書類を各種機関との間で行き来させる必要がなくなります。法定相続情報一覧図の写しの交付は、法定相続情報一覧図の保管期間（申出日の翌年から5年間）内であれば、再交付を受けることが可能です。

■ 法定相続証明制度を利用するために準備する必要がある書類 ……
● 登記所に提出しなければならない書類

1 被相続人の戸籍・除籍謄本	⇒ 出生時から死亡時までの連続した戸籍（除籍、改製原戸籍）謄本
2 被相続人の住民票の除票の写し	
3 相続人全員の戸籍謄本（抄本）	
4 申出人の住所・氏名確認のための書類	⇒ 運転免許証のコピーなど

● 法定相続情報一覧図作成の仕方

　法定相続情報証明制度がスタートした平成29年の段階では、戸籍関係書類の代わりに法定相続情報一覧図が利用できる各種機関は限定されていましたが、現時点では、ほとんどの金融機関で利用でき、かつ家庭裁判所の遺産分割調停や相続放棄の手続きでも利用することができるようになりました。

　法定相続情報一覧図は、相続関係説明図（153ページ）と同じような図になりますが、法定相続情報一覧図は相続開始時の相続人を証明するためのものなので、相続関係説明図とは相違点もあります。たとえば、被相続人A、相続人として妻B、長男C、Aよりも先に死亡した次男Dの子EとFが代襲相続する場合の法定相続情報一覧図における相続人の記載は、下図のようになります。注意点は、被代襲者の表示です。相続関係説明図では被代襲者も他の相続人と同様、氏名を記載しますが、法定相続情報一覧図では被代襲者（死亡年月日）を記載するだけで、氏名の記載は不要です。また、相続人の住所の記載は任意とされており、住所を記載する場合は住民票の写しの添付が必要です。なお、法定相続情報一覧図の作成を登記所へ申し出る相続人の氏名の横に（申出人）と記載します。

■ 法定相続情報一覧図（相続人の記載方法）

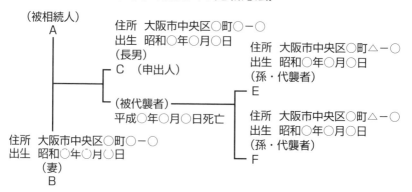

第5章
調停などの相続トラブル解決手段

遺産分割協議がまとまらない場合はどうしたらよいのか

遺産分割に関するトラブルは家庭裁判所で解決する

◉ 遺産分割調停

　相続人間で遺産分割協議がまとまらない、あるいは相続人の中に遺産分割協議に応じない人がいるなど、遺産分割において争いが生じた場合は、家庭裁判所へ**遺産分割調停**を申し立てることになります。

　遺産分割調停は、裁判官と家事調停委員から構成される調停委員会が、中立公正な立場で各相続人から事情を聞いたり、妥当な解決策を示したりするなど、話し合いによって円満に解決できるよう仲介する手続きです。家庭裁判所が関与しますが、最終的には相続人全員による合意が解決内容となります。この意味で、遺産分割調停は、裁判所という公的な第三者機関を介した相続人間の話し合いといえます。

　遺産分割調停を利用して、相続人全員の合意が得られた場合は、調停調書が作成され、その内容に沿って遺産分割が行われることになります。調停調書には確定判決と同一の効力が認められるため、調書の内容に従わない相続人がいる場合は、強制的に手続きを進めることができます（強制執行の申立てなどが考えられます）。

　なお、相続人間で話し合いができない、合意に達しないなど、遺産分割調停では解決が困難な場合は、審判手続きに移行し、家庭裁判所が法律に基づいて判断を下すことになります。

◉ 遺産分割調停の申立て

　遺産分割調停は、相続人（包括受遺者を含みます）の1人または数人の申立てによって開始されます。遺産分割協議が相続人全員の参加を必須とする手続きであることから、遺産分割調停についても、申立

人以外のすての相続人を相手方として申し立てます。

　申立先は、相手方のうちの1人の住所地を管轄する家庭裁判所（相続人全員の合意がある場合は合意された家庭裁判所）です。

　申立ての主な必要書類は、①申立書（記載例178ページ）、②被相続人の出生時から死亡時までの連続した戸籍（除籍、改製原戸籍）謄本、③相続人全員の戸籍謄本、④相続人全員の住民票または戸籍附票、⑤遺産を証明する書類（登記事項証明書、預貯金の通帳の写しなど）です。代襲相続が生じている場合は、代襲相続人の戸籍謄本や、被代襲者の出生時から死亡時までの戸籍（除籍、改製原戸籍）謄本も必要です。申立費用は、被相続人1人につき1200円分の収入印紙の他、各裁判所の指定する連絡用郵便切手を提出する必要があります。

● 遺産分割調停の手続きの流れ

　相続人間の話し合いで遺産分割協議が調わない場合は、管轄の家庭裁判所へ必要書類と費用を添えて「遺産分割調停」の申立てを行います。申立てが受理されれば、裁判所が調停を行う日（調停期日）を決定し、申立人および相手方に第1回目の期日が書かれた呼出状が送られてきます。期日に裁判所へ出頭すると、申立人と相手方はそれぞれ「調停室」と呼ばれる部屋へ個別に入室し、調停委員と話しをすることになります。1回の期日で両者の話し合いがまとまれば、そこで調停は終わりますが、話し合いがまとまらない場合は第2回、第3回と期日が続行され、話し合いが続けられていくことになります。

　遺産分割調停を利用して、相続人全員が合意に達した場合は、調停調書が作成されます。一方、合意に達しない場合は、調停を取り下げない限り自動的に遺産分割審判の手続きへ移行し、通常の裁判と同じように当事者が主張立証を行うことになります。

　なお、遺産分割調停では、相続人間で遺産をどのように分けるかを決定する手続きであることから、相続人が確定していることや、遺産

の範囲が確定していることが前提となります。遺産の範囲に争いがある場合、遺産分割調停の中で遺産の範囲について相続人全員で合意して解決することが可能です。しかし、遺産分割調停における合意形成が困難である場合は、先に「遺産確認の訴え」(181ページ)を提起して、遺産の範囲を確定しておくことが必要になります。

● 遺産分割審判の申立てもできる

　遺産分割調停が不成立に終わると、別途審判の申立てを行うことなく、自動的に調停が行われた家庭裁判所において、審判の手続きが開始されることになります。

　調停で合意に達しない場合、審判手続きに移行せずに、家庭裁判所が職権で「調停に代わる審判」(284条審判)を行うこともありますが、実際に行われるケースは少ないようです。家族間の紛争を扱う家事事件は、話し合いによる解決が望ましいと考えられるため、いきなり審判の申立てや訴訟の提起をするのではなく、まずは調停から始めなければならないとする「調停前置主義」を採用するのが基本です。離婚、認知、離縁、親権者の変更などの事件は、調停前置主義を採用していますが、遺産分割の事件は、調停前置主義を採用していません。そのため、遺産分割調停を申し立てることなく、いきなり遺産分割審判を申し立てることも可能です。しかし、遺産分割事件も家族間の紛争に変わりないことから、審判を申し立てても家庭裁判所の職権で調停に付されるのが通常です。

● 遺産分割審判の手続きの流れ

　遺産分割調停では、申立人と相手方がほぼ顔を合わせることなく手続きが進められていきます。しかし、遺産分割審判では、通常の訴訟と同じく、期日に申立人と相手方が出頭します。つまり、相続人全員が顔を合わせます。期日においては、主張を書面にまとめ、その主張

を裏付ける証拠を提出し、自らの主張立証を行います。そして、双方の主張立証が出尽くしたと裁判官が判断すると、どのように遺産を分割すべきかについて審判（決定）が下されます。審判の内容は審判書という書面に記載され、各当事者に交付されます。

　審判の内容に不服がある者は、審判書が送達された日の翌日から起算して2週間以内に、審判をした家庭裁判所に対し不服申立て（即時抗告）をする必要があります。2週間以内に不服申立てがなければ審判は確定します。審判書にも調停調書と同様、確定判決と同一の効力があるため、強制執行の申立てなどが可能になります。

● 調停調書・審判書と相続登記

　遺産分割調停や遺産分割審判で不動産を取得することになった相続人は、相続を証する書面として遺産分割調停調書の謄本または遺産分割審判書の謄本（確定証明書付）を提出すれば、他の相続人の協力なくして、単独で相続登記をすることができます。このとき、被相続人の出生から死亡までの戸籍謄本の添付は不要です。

■ **遺産分割調停・審判の流れ**

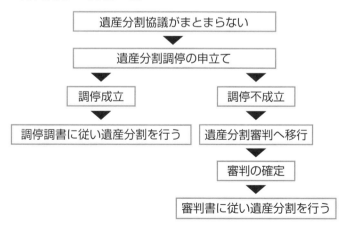

書式　遺産分割調停申立書

受付印	遺産分割	☑ 調停 □ 審判	申立書

（この欄に申立て1件あたり収入印紙1,200円分を貼ってください。）

収入印紙　　　円
予納郵便切手　　円

（貼った印紙に押印しないでください。）

東京　家庭裁判所　御中 平成 30 年 4 月 9 日	申 立 人（又は法定代理人など）の記名押印	伊藤　清　㊞

添付書類	（審理のために必要な場合は、追加書類の提出をお願いすることがあります。） ☑ 戸籍（除籍・改製原戸籍）謄本(全部事項証明書) 合計 4 通 □ 住民票又は戸籍附票 合計　通　　□ 不動産登記事項証明書 合計　通 ☑ 固定資産評価証明書 合計 5 通　☑ 預貯金通帳写し又は残高証明書 合計 2 通 □ 有価証券写し 合計　通　　□	準口頭

当　事　者	別紙当事者目録記載のとおり		
被相続人	本　籍（国　籍）	東京 ㊥都 道 府 県	文京区××○丁目○番地
	最後の住　所	東京 ㊥都 道 府 県	文京区××○丁目○番○号
	フリガナ氏　名	イトウ　タダシ 伊藤　正	平成29年12月14日死亡

申　立　て　の　趣　旨

被相続人の遺産の分割の（ ☑ 調停 ／ □ 審判 ）を求める。

申　立　て　の　理　由

遺産の種類及び内容	別紙遺産目録記載のとおり					
被相続人の債務	□ 有	／	□ 無	／	☑ 不明	
☆ 特 別 受 益	☑ 有	／	□ 無	／	□ 不明	
遺　　　　言	□ 有	／	☑ 無	／	□ 不明	
遺産分割協議書	□ 有	／	☑ 無	／	□ 不明	
申立ての動機	□ 分割の方法が決まらない。 □ 相続人の資格に争いがある。 ☑ 遺産の範囲に争いがある。 □ その他（　　　　　　　　　　　　　　　　　　　　　　）					

（注）太枠の中だけ記入してください。
　　　□の部分は該当するものにチェックしてください。
　　　☆の部分は、被相続人から生前に贈与を受けている等特別な利益を受けている者の有無を選択してください。「有」を選択した場合には、遺産目録のほかに、特別受益目録を作成の上、別紙として添付してください。

遺産（1/　）

(942100)

当事者目録

☑申立人 □相手方	本籍（国籍）	東京 ㊞道 府県 文京区××○丁目○番地	
	住所	〒112-0000 東京都文京区××○丁目○番○号 （ 方）	
	フリガナ 氏名	イトウ キヨシ 伊藤 清	大正 ㊞昭和 平成 33年 5月12日生 （ 59 歳）
	被相続人との続柄	長男	
□申立人 ☑相手方	本籍（国籍）	東京 ㊞道 府県 文京区××○丁目○番地	
	住所	〒112-0000 東京都文京区××○丁目○番○号 （ 方）	
	フリガナ 氏名	イトウ マキコ 伊藤 真紀子	大正 ㊞昭和 平成 38年 1月18日生 （ 55 歳）
	被相続人との続柄	長女	
□申立人 ☑相手方	本籍（国籍）	東京 ㊞道 府県 文京区××○丁目○番地	
	住所	〒165-0000 東京都中野区××○丁目○番○号 （ 方）	
	フリガナ 氏名	イトウ アキオ 伊藤 昭夫	大正 ㊞昭和 平成 39年 6月28日生 （ 53 歳）
	被相続人との続柄	次男	
□申立人 □相手方	本籍（国籍）	都道 府県	
	住所	〒 - （ 方）	
	フリガナ 氏名		大正 昭和 平成 年 月 日生 （ 歳）
	被相続人との続柄		
□申立人 □相手方	本籍（国籍）	都道 府県	
	住所	〒 - （ 方）	
	フリガナ 氏名		大正 昭和 平成 年 月 日生 （ 歳）
	被相続人との続柄		

（注）□の部分は該当するものにチェックしてください。

遺産（ / ）

(942102)

遺産分割以外の相続トラブルの解決策について知っておこう

家庭裁判所の調停・審判や民事訴訟を利用する

● 相続人の範囲に争いがある場合

　遺産分割を行うには、まず「誰が相続人か」（相続人の範囲）を確定し、次いで「何が遺産に含まれるか」（遺産の範囲）を確定する必要があります。

　相続人の確定は、通常、被相続人の出生から死亡までの戸籍（改製原戸籍、除籍）謄本の記載に従って行います。ただし、被相続人が認知症を発症した後に養子縁組をしていた場合や、意識不明の状態で婚姻届が提出されていた場合などは、被相続人との身分関係に争いが生じる可能性があります。なぜなら、養子縁組無効確認の訴えや婚姻無効確認の訴えなどが提起され、養子縁組や婚姻が無効と判断されることがあるからです。この他、他人の子を実子として届け出ていた場合における親子関係不存在確認の訴え（被相続人との親子関係がないことを確認するための訴え）の提起や、死後認知を求める認知の訴えの提起なども、相続人の範囲に争いが生じた場合に利用されます。

　ただし、養子縁組、婚姻、親子関係、認知に関する事件は、いずれも調停前置主義を採用しています。そのため、訴えを提起する前に、家庭裁判所へ調停を申し立てることが必要です。調停において話し合いをしたが合意に達しないときに、訴訟の提起が可能となります。

● 遺産の範囲に争いがある場合

　被相続人名義の不動産であっても、特定の相続人がその不動産の購入資金を拠出していた場合には、相続人間において、その不動産を遺産に含めるかどうかで揉めることがあります。

このように、相続人間で遺産の範囲が争われた場合、話し合いで解決できればよいのですが、話し合いで解決できない場合は、裁判所の介入によって解決することが必要となります。具体的には、以下の2つの解決策が考えられます。

まず、家庭裁判所に対し遺産分割調停を申し立て、話し合いの中で遺産に含めるか否かについて合意に達する方法が考えられます。合意に達した場合は、家事調停委員を交えて、どのように遺産を分割するかを話し合います。他方、合意に達しない場合は、調停不成立により遺産分割審判の手続きに移行するので、裁判官が審判によって遺産に含まれるか否かを判断します。ただし、遺産分割審判における遺産の範囲に関する判断については、あくまで遺産分割を行う前提にすぎないため、既判力（当事者や裁判所が確定判決の内容と矛盾する主張や判断ができなくなるとする効力のこと）が認められていません。そのため、後から他の相続人が訴訟を提起することで、再び遺産の範囲が争われる危険性があります。

次に、相手方（被告）の住所地を管轄する地方裁判所に対し「遺産確認の訴え」を提起する方法が考えられます。遺産確認の訴えは民事訴訟なので、家庭裁判所ではなく地方裁判所へ訴えを提起します。また、遺産確認の訴えは、訴えを提起した人（原告）を除いた相続人全員を相手方として訴えを提起する必要があります（固有必要的共同訴訟の代表例と言われています）。なお、遺産確認の訴えで遺産の範囲

■ 遺産分割以外のトラブルと手続き

相続人の範囲に争いがある	婚姻無効の訴え、養子縁組無効の訴え 親子関係不存在の訴え　など
遺産の範囲に争いがある	遺産分割調停・審判、遺産確認の訴え
遺留分について争いがある	遺留分減殺請求調停・訴訟
遺言について争いがある	遺言無効確認調停・訴訟

が確定すれば、それを前提として、家庭裁判所に対し遺産分割調停または遺産分割審判を申し立てることになります。

● 遺留分侵害額請求権

兄弟姉妹以外の相続人には、最低限相続できる「遺留分」が認められています。遺留分が侵害されたときは、遺留分を侵害する受遺者や受贈者に対し、遺留分減殺請求権（改正後は遺留分侵害額請求権）を行使することができます。

もっとも、遺留分減殺請求権を行使したが、相手方が遺留分相当額の財産を返還しない（改正後は金銭を支払わない）場合は、家庭裁判所へ遺留分減殺請求調停（改正後は遺留分侵害額請求調停）を申し立て、調停不成立となった場合に、地方裁判所へ遺留分減殺請求訴訟（改正後は遺留分侵害額請求訴訟）を提起します。遺留分に関する紛争も家事事件として調停前置主義が採用されますが、遺産分割の場合とは異なり、調停不成立となっても審判の手続きに移行しないため、調停で解決しなければ別途、訴訟を提起する必要があります。

● 遺言の無効を訴える

被相続人が遺言書を遺していた場合は、遺産分割は被相続人の意思を尊重して遺言内容に沿って行われるのが原則です。

ただし、遺言が認知症などで遺言能力がない状態で作成された場合や、特定の相続人が有利になるよう脅されて遺言書が作成された疑いがある場合など、遺言の有効性に疑義が生じるケースも少なくはありません。その場合は、まず家庭裁判所へ遺言無効確認調停を申し立て、調停不成立となった場合は地方裁判所へ遺言無効確認訴訟を提起することになります。つまり、遺言の有効・無効に関する争いも、上記の遺留分に関する争いと同じ手続きが採用されています（調停前置主義の採用など）。

家庭裁判所の手続きが必須の相続手続きもある

相続放棄・限定承認は必ず家庭裁判所で手続きをしなければならない

● 相続放棄・限定承認の手続き

　被相続人の財産をすべて放棄する相続放棄と、プラスの財産の範囲内でマイナスの財産を引き継ぐ限定承認は、いずれも相続開始を知った日から3か月以内（これを**熟慮期間**といいます）に、家庭裁判所で手続きを行わなければなりません。熟慮期間内に相続放棄や限定承認を行わなければ、マイナス財産を含めたすべての被相続人の財産を相続したとみなされてしまいます（これを単純承認といいます）。

　なお、財産が多岐にわたる遠方に複数の不動産があるなど、財産の調査に時間がかかり、熟慮期間内に相続放棄や限定承認の申立てができないときは、家庭裁判所に「相続の承認又は放棄の期間の伸長」の申立てを行えば、熟慮期間を伸長してもらえることがあります。

● 相続放棄に必要な書類

　相続放棄は、被相続人の最後の住所地を管轄する家庭裁判所に対し、主に下記の書類をそろえて申立てを行います。その際、手続きの費用として1人につき800円分の収入印紙と、各裁判所で指定されている連絡用郵便切手を提出する必要があります。

① 相続放棄申述書（記載例次ページ）
② 被相続人の住民票除票または戸籍附票
③ 相続放棄をする人の戸籍謄本
④ 被相続人の死亡の記載のある戸籍謄本（被相続人の父母などの直系尊属または兄弟姉妹が相続放棄をする場合は、被相続人の出生から死亡までの戸籍（改製原戸籍、除籍）謄本が必要です）

第5章　調停などの相続トラブル解決手段

書式　相続放棄申述書

相 続 放 棄 申 述 書

（この欄に収入印紙８００円分をはる。）

収入印紙　　　円
予納郵便切手　　　円

（はった印紙に押印しないでください。）

準口頭　関連事件番号　平成　　年（家　）第　　　　号

| 東 京 家庭裁判所 御中 平成 30 年 6 月 1 日 | 申述人（未成年者などの場合は法定代理人）の署名押印 | 山 口 浩 二 ㊞ |

添付書類　申述人・法定代理人等の戸籍謄本 2 通　被相続人の戸籍謄本 1 通

申述人
- 本　籍　東京 ㊞都／道府県　渋谷区大山町○丁目○番地
- 住　所　〒151-0000　電話03（○○○○）○○○○　東京都渋谷区大山町○丁目○番○号（　　　方）
- フリガナ　ヤマグチ　コウジ　　大正／㊐昭和／平成 44 年 1 月 16 日生　職業　会社員
  氏　名　山 口 浩 二
- 被相続人との関係　被相続人の…※　①子　2 孫　3 配偶者　4 直系尊属（父母・祖父母）　5 兄弟姉妹　6 おいめい　7 その他（　　）

法定代理人
- ※ 1 親権者　2　3 後見人
- 住　所　〒　-　電話（　）　（　　方）
- フリガナ　氏　名
- フリガナ　氏　名

被相続人
- 本　籍　東京 ㊞都／道府県　渋谷区大山町○丁目○番地
- 最後の住所　申述人の住所と同じ　死亡当時の職業　無職
- フリガナ　ヤマグチ　ヒサシ　　平成 30 年 4 月 15 日死亡
  氏　名　山 口 久

（注）太枠の中だけ記入してください。※の部分は、当てはまる番号を○で囲み、被相続人との関係欄の7、法定代理人等欄の3を選んだ場合には、具体的に記入してください。

申　立　て　の　趣　旨
相　続　の　放　棄　を　する　。

申　立　て　の　理　由	
※　相続の開始を知った日………平成 30 年 4 月15日 ① 被相続人死亡の当日　　　　3　先順位者の相続放棄を知った日 　2　死亡の通知をうけた日　　　4　その他（　　　）	
放　棄　の　理　由	相　続　財　産　の　概　略
※ 1　被相続人から生前に贈与を受けている。 2　生活が安定している。 3　遺産が少ない。 4　遺産を分散させたくない。 ⑤　債務超過のため。 6　その他（　　　　　）	資産　農地……約　　　　平方メートル　預　金 　　　　　　　　　　　　　　　　　預貯金……約 200 万円 　　　山林……約　　　　平方メートル　有価証券……約 300 万円 　　　宅地……約　　　　平方メートル 　　　建物……約　　　　平方メートル 負　債………………約　　　　2,000　万円

（注）太枠の中だけ記入してください。※の部分は、当てはまる番号を○で囲み、申述の実情欄の4、放棄の理由欄の6を選んだ場合には、（　　　）内に具体的に記入してください。

Column

相続について相談できる専門家と相談機関

　相続問題がこじれてしまった場合には、法的な観点から適切なアドバイスを求めて、弁護士に手続きを依頼するのが一般的です。相続税や贈与税などについてのアドバイスが必要であれば、税理士に依頼します。不動産名義の書き換えや所有権の移動などの申請書の作成や申請などを司法書士に依頼することもあります。

　ただし、弁護士をはじめとする専門家に依頼する場合には、相応の費用がかかるため、いきなり依頼するのは気が引けるという場合もあります。そこで、「無料や低料金で漠然とした相続問題の悩みを気軽に相談してみたい」という場合には、次のような機関を利用してみるのもよいでしょう。

　まず、地方自治体（都道府県・市区町村）が定期的に実施する無料の法律相談会などを利用することが挙げられます。また、相談内容に応じた法制度や相談窓口の紹介や、弁護士や司法書士などの専門家の紹介を行う「法テラス」という機関を利用してみましょう。相談料は無料です。

　この他、たとえば、「相続税の申告」「調停申立て」「公正証書遺言の作成」など、相談したい内容が明確になっている場合には、関係機関の窓口を利用する方法もあります。たとえば、各税務署や各国税局にも無料相談室が設けられています。そこで、相続税などに関する不明な点は、税務署・国税局の相談室に相談することができます。この他、公正証書遺言を行いたい場合には、最寄りの公証役場に相談することで、公正証書遺言の作成についての適切なアドバイスを受けることができます。また、遺産分割の調停・審判手続を利用したいと考えているのであれば、家庭裁判所の相談窓口に相談すれば、必要な手続きの申立方法や書類の書き方を教えてもらうことができます。

第6章

相続財産の評価と相続税の知識

1 なぜ相続財産を評価するのか

遺産分割協議の前に相続財産の中身を調べる

◉ 遺産とは何か

遺産とは、被相続人が死亡時に残した財産です。中身もさまざまです。遺産は大きく、ⓐ現金・預金、手形、小切手、不動産、動産、債権、株などプラスの財産と、ⓑ借金、保証債務、買掛金、預かり品の返還義務などの債務であるマイナスの財産に分類できます。

債務は、この他に相続人から被相続人への生前の貸付や立替金、仮払いなどがあります。たとえば、入院費、治療費などがこれに含まれます。ただし、死後に発生する葬儀代、法事の費用などは被相続人の債務ではありません。しかし、立替分を相続した遺産から充当するかどうかは、ケースによって違います。

相続税が課される財産には、以下に掲げる財産があります。

① **本来の相続財産**

民法の規定によって被相続人から相続または遺贈により取得される財産のことをいいます。ここでいう「財産」は、広い意味に解され、金銭に見積もることができる経済的価値のあるものをすべて含みます（190ページ図参照）。

② **みなし相続財産**

ある財産を取得したり経済的利益を受けたことが、実質的に見て相続または遺贈によるものと同じような経済的効果があると認められる場合には、相続または遺贈により取得したものとみなして相続税の課税財産となります。たとえば、生命保険金、退職手当金、生命保険契約に関する権利などがあります（次ページ図参照）。

③ **相続開始前3年以内に取得した贈与財産**

相続または遺贈により財産を取得した者が、被相続人から相続開始前3年以内に財産の贈与を受けていた場合には、贈与された財産の価額は相続税の課税価格に加算されます。相続または遺贈により財産を取得していない者に対して行われた相続開始前3年以内の贈与については課税対象とはなりません。

④ **相続時精算課税により贈与を受けた財産**

相続時精算課税制度（217ページ）の届出をして取得した贈与財産の価額は、相続税の課税価格に加算されます。

なお、被相続人の財産であっても、相続できないものがあります。一身専属権と使用貸借権の2つです。一身専属権とは、被相続人だけにしか行使できない権利や義務（親権、扶養料請求権、身元保証人の義務など）のことです。一身専属権の権利や義務は、被相続人の死亡と同時に消滅します。使用貸借権とは、物を無償で貸借する権利のことです。これは、貸主と借主の特別な契約関係で成立しているため、

■ **相続税の課税対象となる財産**

相続税のかかる財産

- **本来の相続財産**
  土地、土地上の権利、家屋、事業用財産、現金、預貯金、有価証券、美術品、家具など

- **みなし相続財産**
  死亡退職金、退職年金の継続受給権、生命保険金、生命保険契約に関する権利、定期金（年金）の受給権、定期金（年金）契約に関する権利

契約当事者の一方の人が死亡すると効力を失います。ただし、不動産の使用貸借については、例外的に相続を認める場合もあります。

● なぜ相続財産の評価をするのか

遺産の中身や価値を正確に把握して、それぞれの財産の価額を評価しておかないと、具体的な遺産分割協議ができません。また、遺産の評価をしないと、相続税の納税額もわかりません。ですから、相続が発生した場合には、遺産を把握して、評価額を算定することになります。仮に、遺産分割がすんでから新たに遺産が出てきた場合には、遺産分割協議をやり直すことになります。なお、遺産分割協議自体を最初からやり直すか、新たに発見された遺産についてのみ遺産分割協議をやり直すかは、ケースによって異なります。

● 遺産は時価で評価する

相続財産がすべて現金や預貯金であれば評価は簡単なのですが、そのようなケースはまれです。実際の相続財産としては、土地や建物、美術品など容易に評価できないものがほとんどです。また、相続税務と遺産分割実務で財産評価が異なることもあるため、注意が必要です。相続税法では、相続人の財産は「時価」で評価すると定められています。しかし、時価という言葉は、意味としては「そのときの価値」といったところで、かなりあいまいな表現です。

実務上は、「財産評価基本通達」に示された時価の基準に基づいて財産を評価し、相続税を計算します。これは、いろいろな財産の時価の計算方法に関する通達です。ただし、被相続人の死亡時と相続開始時から10か月後の納税期限日までの間に時価が大きく変わってしまうこともあり得ます。そのため、時価を評価する日は相続開始日と定められています。生前贈与における評価日は贈与を受けた日とされています。

② 不動産はどのように評価するのか

確実に自分のものにするには登記をする

● 不動産はいったん相続人の共有物

　相続が開始すると、不動産についてはいったん各相続人の共有物として扱われ、相続による所有権移転の共有登記をすることができます。この共有登記手続きは、共有物を保存する行為とみなされますから、相続人の一人が単独で申請できます。また、相続人の債権者も共有登記を申請することができます。この共有権は、譲渡することも債権者が差押えをすることもできます。

● 分割協議が成立したら登記をする

　遺産分割協議が成立した場合は、分割前の共有は解消して、各不動産を新しく各相続人の所有に直す必要があります。この分割は、相続開始時から有効であったことになります。ただし、分割前の差押えや共有持分の譲渡があった場合は、遺産分割協議の際に考慮しなければなりません。また、遺産分割協議の際に、特定の相続人が全部を相続したり、不動産を売却していた場合は、他の相続人に金銭を支払う代償分割という方法もあります。

● 各種の不動産の評価方法を知っておく

① 　土地の評価

　国税庁が発表する路線価に基づく路線価方式と、地方自治体が定める固定資産税評価額に基づく倍率方式などを参考にします。

② 　農地、山林の評価

　路線価方式と倍率方式の評価方法を参考にします。

③　借地・貸地の評価

地域によりますが、土地の評価額から借地権分（6～7割）を差し引いた価格が貸地の評価額となるのが一般的です。

④　家屋の評価

固定資産税評価額を参考にします。

⑤　借家・貸家

築年数などが評価に影響しますが、家屋の評価額から一定割合を差し引きますが、地域により差し引く割合が異なります。

土地の時価には4種類がある

土地の時価には、194ページ図の4種類があります。時価の種類のうち、土地にかかる相続税を計算する場合に用いる時価は、相続税評価額（路線価）です。相続税評価額は、実勢の取引価格よりも低く（約70％相当）設定されています。

土地の相続税評価額の算定方式には二種類あり、路線価方式か倍率方式のいずれかの方式で評価して計算することになります。

2つのうちどちらで評価するかは、勝手に選べるわけではなく、所在地によって自動的に決定されます。評価すべき土地がどちらの方式で評価するか不明な場合は、税務署に確認します。

①　路線価方式

路線価が定められている地域（主に市街地）では、路線価方式により評価額を算出します。路線価とは、道路に面する標準的な宅地の1㎡あたりの価額のことです。実務上は、路線価は「路線価図」を見て計算することになります。路線価図は、毎年1回改定されます。この路線価に、土地の立地や形状に応じた修正（補正率あるいは加算率）を加えた後に、その土地の面積を掛けて評価額を計算します。なお、同じ面積の土地であっても、その地形によって利用価値にかなり差が生じます。そのような場合には、その評価額を補正する必要がでてき

ます。補正する場合に用いる補正率は地区区分（路線価図に表示されている「繁華街地区」や「普通住宅地区」などの7つの区分）によって異なります。

② 倍率方式

一方、路線価が定められていない地域（市街地以外）では、倍率方式により評価額を算出します。この方式は、固定資産税評価額にその地域ごとに定められている一定の倍率を掛けて評価額を計算します。

しかし、相続税評価額を算定する際に必ずこの2つの方式のいずれかを使わなければならないということではありません。2つの方式は、あくまでも国税局が定めた標準的な算定方法であって、強制適用ではないのです。このことから3つ目の算定方法として、「不動産鑑定評価額」を基準にして土地の相続税評価額を決める方法も考えられます。

不動産鑑定評価額とは、国家資格を持つ不動産鑑定士が国土交通省などによって定められた「不動産鑑定評価基準」に基づいて不動産価格を算定するものです。不動産鑑定士による評価であれば、国税局の示した2つの方式では加味されない特殊な事情も算定の対象に加えることができます。場合によっては、評価額を思ったよりも低く算定できる可能性もあります。

■ 時価の種類

種類	内容
① 取引価格（実勢売買価格）	現実の売買価格に基づく実勢の価格。
② 公示価格（標準価格）	毎年1月1日に改定され、3月末に公表される。取引価格の約90％。
③ 相続税評価額（路線価）	地価公示価格と同時に改定され、8月頃に公表される。公示価格の約80％。
④ 固定資産税評価額	固定資産税を課税するための時価で3年ごとに見直される。公示価格の約70％。

● 地形による補正とは

　土地の形状によっては、評価額を求める際に次のような補正を加える必要があります。たとえば、同じ面積の隣り合った土地であっても、一方は、きちんとした長方形をしており、もう一方がゆがんでいるような形をした土地の場合、長方形の土地の方が評価は高くなります。相続税の評価もこのように土地の使い勝手から見た評価による修正を加えた上で、最終的な評価額を算定します。

① 奥行価格補正

　同じ面積の土地だとしても、形状の違いによって、その土地の奥行の距離は異なります。この場合に、土地の奥行の距離に応じて路線価を補正するのが奥行価格補正です。

② 側方路線影響加算（角地加算）

　交差点などの角地は、一般的に利用価値が高いとされています。それを評価額に反映させるために一定の金額を加算します。

③ 二方路線影響加算（裏面加算）

　表と裏に道路が面している土地は、「二方路線影響加算率表」を用います。評価額の計算については、正面路線価（路線価の高い方のこと）をもとに計算し、加算します。

④ その他

　間口が狭い宅地や、間口距離との関係から見て奥行の長い宅地は、適当な間口と奥行のある宅地に比べて価格が下がると考えられています。そこで、その評価に関しては、「間口狭小補正率」や「奥行長大補正率」を適用して路線価格を減額修正することができます。また、形状にもよりますが、不整形地や無道路地は、減額して評価することができます。

3 小規模宅地等の特例について知っておこう

事業用地・居住用の宅地は評価額が軽減される

● 宅地の評価の特例とは

　事業用の土地や居住用の土地は、いわば生活基盤財産ですから、処分すれば生計が維持できません。また、高額の相続税が課されてしまうと大変なことになります。そのため、遺産の中に住宅や事業に使われていた宅地等がある場合には、その宅地等の評価額の一定割合を減額する特例が設けられています。これを**小規模宅地等の特例**といいます。この特例の対象となるのは、以下の要件を満たしている場合です（⑦～⑨は、平成30年度税制改正により要件が追加されました）。

① 被相続人または被相続人と生計を一にしていた被相続人の親族の居住・事業の用に供されていた宅地等または特定同族会社や特定郵便局の敷地の用に供されている宅地等であること
② 棚卸資産およびこれに準ずる資産に該当しないこと
③ 農地や牧草地以外で建物や構築物などの敷地であった宅地
④ 相続税の申告期限までに遺産分割が確定していること
⑤ 相続税の申告期限までに相続人がその土地を取得し、居住や事業のために利用していること
⑥ 被相続人が居住に使用していた宅地を複数所有していた場合、「主として」居住していた宅地に限定
⑦ 相続開始前3年以内に、3親等内の親族又は当該親族と特別の関係がある法人が所有する家屋に居住したことがないこと
⑧ 相続開始時に親族が居住の家屋を過去に所有したことがないこと
⑨ 相続開始前3年以内に貸付事業に供した宅地等ではないこと

● 評価減率はどうなっている

具体的な評価減率は、次の①〜③のようになります。

① 特定居住用宅地（限度面積330㎡）

申告期限までに、被相続人またはその配偶者と同居または生計を一にしていた親族が、被相続人が居住していた土地を自分の居住用として使う場合、80％の減額となります。被相続人に配偶者や同居している親族がいない場合には、別居の親族でも、持ち家をもたないなど一定の要件を満たせば、本特例の適用を受けることができます。

② 特定事業用宅地（限度面積400㎡）

申告期限までに、被相続人が事業用に使用していた土地を取得して同じ事業に使う場合、80％の減額となります。

③ その他の小規模宅地（限度面積200㎡）

不動産貸付業や駐車場などを営んでいる場合には、200㎡までの宅地部分に関して、50％の評価額の削減にとどまります。

たとえば、遊休地を持つ資産家が、事業用建物を建てることで上記②の適用対象となるため、相続税を相当節税できる可能性があります。

なお、2世帯住宅について、被相続人とその親族が各独立部分に分かれて住んでいた場合においても、小規模宅地等の特例が適用されます。

■ 小規模宅地等の減額の計算例

〈設定〉・宅地面積……500㎡　・通常の評価額……1億

ケース	減額される額	課税される額
特定居住用宅地	1億円 × $\frac{330㎡}{500㎡}$ × 80% = 5280万円	1億円 − 5280万円 = 4720万円
特定事業用宅地	1億円 × $\frac{400㎡}{500㎡}$ × 80% = 6400万円	1億円 − 6400万円 = 3600万円
その他の小規模宅地	1億円 × $\frac{200㎡}{500㎡}$ × 50% = 2000万円	1億円 − 2000万円 = 8000万円

貸地などはどのように評価するのか

アパートなどの敷地は評価減となる

● 借地は評価額が低くなる

　借地人が死亡した場合は、この借地権も相続の対象になります。借地権の評価額は、通常の土地の評価額（自用地評価額）に、国税局が定める借地権割合を掛けて算出します。

　また、地上権も相続の対象となります。地上権の評価額は、自用地評価額に、地上権の残存期間に応じて定められている割合を掛けて算出します。この借地権割合ですが、地域により借地事情が異なるということで、地域ごとに定められています。路線価図や評価倍率表に表示されています。

● 貸宅地の評価方法

　貸宅地（底地）とは、借地権や地上権の対象となっている土地を地主側の立場から見た場合の呼び方です。貸宅地は、借地権や地上権があるため、土地の所有者であっても自由に処分することはできません。そこで、貸宅地の評価額は、通常の宅地の評価額（自用地価額）から借地人の持っている借地権や地上権の価額を差し引いて算出します。

● 定期借地権が設定されている場合

　定期借地権とは、対象となる契約期間や建物の使用目的によって、借地期間が一定期間で解消されることを法的に保証する権利です。定期借地権をもつ地主にとってのメリットは、契約期間が限定されるので、安心して土地を貸すことができることや、一時金として受け取る保証金を長期的に運用ができることなどです。一方、借地人としての

第6章　相続財産の評価と相続税の知識

メリットは、安い保証金で土地を借りられることなどです。

しかし、定期借地権は当初、あまり普及しませんでした。貸借期間が長期にわたるにもかかわらず、相続発生時の底地価額が80％以上という高い評価であり、地主に不評だったためです。このため、平成10年以降の相続については、一戸建住宅に利用されている「一般定期借地権」について、地域ごとに底地割合を見直し、底地の評価減が図られました。なお、定期借地権が設定されている貸宅地（底地）の評価額は、その宅地の自用地としての評価額から、定期借地権などの残存割合を掛けて計算した額を差し引いて評価します。残存割合は以下のとおりです。

・残存期間が5年以下のもの5％
・残存期間が5年超10年以下のもの10％
・残存期間が10年超15年以下のもの15％
・残存期間が15年超のもの20％

■ **借地権の評価額の計算方法**

計算式

借地権の評価額 ＝ その宅地の通常の評価額 × 借地権割合(※)

※路線価図の地域区分により決まる。
　A地域が90％、B地域が80％、C地域が70％、D地域が60％、E地域が50％、F地域が40％、G地域が30％

■ **貸宅地の評価額の計算方法と計算例**

計算式

貸宅地の評価額 ＝ その宅地の通常の評価額 － その宅地の通常の評価額 × 借地権割合

〈例〉●通常の評価額　2億円　　●借地権割合　60％
　　　2億円 － 2億円 × 60％ ＝ 8000万円　← 貸宅地の評価額

● 貸家建付地の評価額の軽減とは

貸家建付地とは、アパートなどの敷地のように自分で所有する土地に自分で建物を建て、その建物を他人に賃貸している土地のことをいいます。貸家建付地は、土地も家屋も地主の所有財産ですが、この場合、相続が発生したからといって、すぐに借家人に出ていってもらうことはできません。ですから、通常の評価額よりも低い価額で評価します。なお、普通の家屋の評価額に対する貸家の評価額の割合を借家権割合といいます。借家権割合は、現在、すべての地域について30％となっています。

● 使用貸借の土地の評価

個人間で行う無償による土地の賃借を使用貸借といいます。たとえば、父親の持っている土地を子どもが借りて家を建てるといった場合がこれにあてはまります。この場合、一般の賃貸借と違い、父親の土地の利用権が制限されているとはみなしません。したがって、使用貸借の土地は自用地（他人の権利の目的となっていない更地のこと）と同じ評価を行います。

■ 貸家建付地の評価額の計算方法と計算例

計算式

貸家建付地の評価額 ＝ その宅地の通常の評価額 － その宅地の通常の評価額 × 借地権割合 × 借家権割合 × 賃貸割合（※）

〈例〉
- 通常の評価額　1億円
- 借地権割合　70％
- 借家権割合　30％
- 賃貸割合　80％

1億円 － 1億円 × 70％ × 30％ × 80％ ＝ 8320万円
　　　　　　　　　　　　　　　　　　　　↑貸家建付地の評価額

※家屋の全床面積に対する、課税の時に賃貸している部分の床面積の割合のこと（一時的空室は含まず）

家屋や貸家はどのように評価するのか

マイホームの評価額は固定資産税評価額と同じ額である

● 家屋の評価額と倍率方式

　家屋の価額は、固定資産税評価額に一定の倍率を掛ける「倍率方式」で算出することになっています。固定資産税評価額とは、それぞれの市区町村で固定資産税を算出するもととなった価額のことです。この価額は、家屋については1棟ごとに定められています。なお、現在は、固定資産税に掛ける一定の倍率が全国一律で1倍であるため、相続税の評価額は固定資産税評価額と同じ額になります。他人から借りた土地の上に建物が建てられている場合は、借地権として評価され、相続税の対象となります。その土地の更地価格に借地権割合を乗じた金額が借地権の評価額となります。借地権割合は、地域ごとに異なり、路線価図や評価倍率表に表示されています。

　また、マンションの場合は、土地と建物部分の2つに分けて評価額を算定します。土地に関しては、敷地全体の評価額に持分割合を掛けたものを評価額とします。建物部分に関しては、所有している部屋の固定資産税評価額がそのまま評価額となります。こうして算出した土地と建物の評価額の合計がマンションの評価額になるわけです。

● 建築中の家屋の評価

　被相続人が死亡したときに建築中である家屋も相続財産になります。しかし、家屋は完成してから固定資産税の評価額が定められますから、建築中のものにはまだ評価がありません。その場合に評価の基準となるのは費用現価（建築材料や工賃など）です。

この費用現価の70％相当額が建築中の家屋の評価額となります。費用現価とは、相続開始時までにかかった建築費用を相続が発生したときの時価に引き直した額です。実際に算定する場合は、建築会社に費用の明細などを作成してもらい、それを参考にして計算します。

● 貸家は借家権価額が控除される

貸家の居住者（賃借人）には借家権がありますので、貸家は自分が居住する家屋とは評価方法が異なります。

① 借家権の評価

借家権の評価額は、自分が住むための家屋の評価額に国税局で定める一定の借家権割合（100分の30）を掛けて計算します。

② 貸家の評価

貸家を評価する場合は、自分が住むための家屋の評価額から、①の借家権の評価額を差し引きます。

③ 住宅を兼ねている場合の貸家の評価

貸家がアパートなどであり、一部を住宅として自分で使用していた場合には、その住宅として使用していた部分を除いて、貸家の評価をしなければなりません。この場合、自分が住むための家屋の評価額に借家権割合と賃貸割合を乗じた価格を、自分が住むための家屋の評価額から控除した額が評価額となります。

なお、賃貸割合とは、簡単にいうと、貸家全体の床面積のうち、賃貸をしている部分の床面積のことです。アパートのすべての部屋を賃貸している場合は、賃貸割合は1（100分の100）になります。

■ 貸家の評価額の計算方法 ・・・・・・・・・・・・・・・・・・・・・・・・・・・・・・・・・・・・

貸家の評価額 ＝ 固定資産税評価額 × （ 1 － 借家権割合 × 賃貸割合 ）

6 その他私道やマンションの敷地の評価方法について知っておこう

特定路線価を基準に算定する

● 私道に接する宅地の評価

　公道に面している土地の場合、路線価を用いて評価額を計算することができます。しかし、たとえば元の広い土地を区分けした場合など、公道に面していない土地も中には存在します。

　土地の周りに私道しかない場合、路線価で評価することはできません。通常、私道には路線価がつけられていないからです。このような場合は、どうすればよいのでしょうか。

　私道にしか接していない土地の場合、その土地の所在地を所轄する税務署で、その私道に「特定路線価」を設定してもらい、それを基準にして土地の評価額を計算します。

　この特定路線価が必要な場合は、設定対象地を所轄する税務署にその旨を記載した「特定路線価設定申出書」を提出することになります。

● 私道の評価方法

　所有権がある私道については、私道そのものも、財産として評価することになります。

　私道の評価は、その私道を利用するのが特定の者に限られているか、または不特定多数の者が利用することができるのかにより、異なります。私道の評価方法は次のようになっています。

① 　特定の者だけが利用する私道は通常の評価額の30％相当額
② 　不特定多数の者が利用する私道は０％（評価しない）

　①であれば、その私道部分の土地に関しては70％の評価減とするということです。②であれば、ゼロ評価、つまりその私道部分の土地の

相続税が非課税になるということです。

マンションの敷地の評価方法

通常は、マンションの敷地は所有者の共有名義になっています。そういった場合はその敷地全体を1つの土地（一区画）として評価し、その価額にそれぞれの所有者の持分割合を掛けて評価することになります。

また、そのマンションの敷地内に道路や公園など、公衆化している土地が含まれており、まとめて評価することが適当でないと認められる場合もあります。その場合、道路や公園などの公衆化している部分については、敷地全体の面積から除いて評価することができます。なお、マンションの敷地にも小規模宅地等の特例（195ページ）を適用できます。

■ 私道の評価方法

● 特定の者だけが利用する私道　　私道の評価額＝30万円×0.3×面積

● 道路に提供されている土地

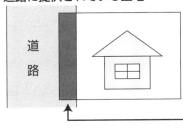

この部分は非課税となる（0評価）

動産はどのように評価するのか

高価なものは専門家に鑑定を依頼するとよい

◉ 動産の種類には何があるのか

　動産とは、自動車、書画骨董、機械・器具、什器・備品、その他の家財道具などをいいます。遺産には動産が含まれますが、遺産分割協議の対象にはならずに形見分けで処理されるケースが多いようです。価値が低いものもありますし、廃棄処分が必要なものはその費用も遺産から出さなければなりません。

① **自動車・船舶**
　交換価値が高く、遺産分割協議の対象となります。

② **貴金属、書画骨董・美術品**
　価値は鑑定の方法によって差がありますが、遺産分割協議の対象になります。

③ **機械・器具**
　価値が高いことが多く、遺産分割協議の対象になります。

④ **身辺の器具**
　家具などがあり、遺産分割協議では、動産一式という扱いで処理されるのが一般的です。高級ブランド品や価値がわからない骨董品など特殊なものは除外されます。

⑤ **書類**
　資料価値がある書類や法的な重要書類であったり、保管期限や被相続人に保管義務のある書類も存在するので、遺産分割協議の中で処理方法を決めます。廃棄するなど処理の方法については、第三者の権利を侵害しない限りとくに規定はありません。

● 動産の評価は難しい

　動産には交換価値の低いものも多くありますが、一方で貴金属や宝飾品は価値が高く、評価は重要ですから、しっかり鑑定してもらいましょう。

① **金、銀、プラチナ**

　基準となる相場が国内外にありますから、容易に評価できます。ただ、宝石などは、市場価格の変動以外にそのもの自体の良し悪しを専門家に判断してもらう必要があります。

② **美術品**

　専門業者に引き取ってもらうのが一般的です。売らない場合に遺産分割協議で決まらないときは、鑑定人に鑑定してもらいます。美術品はニセ物も多く流通しているので専門家に見てもらいます。

③ **有名ブランド品やデザイン宝飾品**

　デパートの売値の１割から２割が実際の買取値段であったり、業者によって評価にばらつきがあります。ただ、評価するのが一般の人の場合は、さらに価値判断はさまざまですから、個別のケースによることになります。

④ **家電**

　相続時の時価で評価しますが、古いものは価値がないのが実情です。

■ 動産の種類

種類	分割にあたり必要になる手続
自動車	移転登録
貴金属等	占有の取得
機械・器具等	占有の取得（場合により登録）
一般の器具	占有の取得
書類	占有の取得（株券などは名義書換）

株式や公社債はどのように評価するのか

株式の評価方法は上場株式かどうかによって異なる

● 株式は3種類に分類して評価する

　株式は、上場株式、気配相場等のある株式、取引相場のない株式の3種類に分類され、種類ごとにその評価方法が定められています。上場株式は、その株式が上場されている証券取引所が公表する①課税時期の終値（最終価格）、②課税時期を含む月の終値の月平均額、③課税時期の前月の終値の月平均額、④課税時期の前々月の終値の月平均額の4つの価格のうち、最も低い金額によって計算します。課税時期とは、相続税の場合は相続の日（被相続人の死亡日）、贈与税の場合は贈与のあった日のことを指します。

　つまり、①～④の中で最も低い価格の1株当たりの価格に株式数を掛けたものが評価額となります。

　また、株式が複数の証券取引所に上場されている場合は、原則として納税者がどの取引所の価格を採用するかを決めることができます。

● 気配相場等のある株式の評価

　気配相場等のある株式とは、日本証券業協会で登録されている登録銘柄や店頭管理銘柄、公開途上にある株式、およびこれらに準ずるものとして国税局長が指定した株式などのことをいいます。これらは上場株式ではありませんが、証券会社などで店頭取引が行われており、上場株式と取引相場のない株式との中間的な存在です。

　このうち登録銘柄と店頭管理銘柄は、①課税時期の終値（最終価格）、②課税時期を含む月の取引価格の月平均額、③課税時期の前月の取引価格の月平均額、④課税時期の前々月の取引価格の月平均額、の4つ

の価格の中で、最も低い金額によって算出します。いずれも、証券会社、証券取引所、税務署に問い合わせれば、その価格がわかります。

なお、公開途上にある株式は実際の取引価格で評価します。

● 取引相場のない株式の評価

取引相場のない株式とは、前述のいずれにも該当しない株式や、零細企業などの株のことです。取引相場のない株式は、時価がないために評価方法が少し複雑になります。

取引相場のない株式の評価方法は、次の4つの方式があります。

① **類似業種比準価額方式**

同業種の上場株式の平均株価を基準にして、評価する会社と類似業種の1株当たりの配当金額、年利益金額、純資産価額の3つの実績値を用いて評価する方式

② **純資産価額方式**

評価会社の資産を相続税評価基準によって評価し、そこから負債を

■ 公社債の評価方法

公社債の種類	評価方法
①割引発行の公社債	ⓐ 上場されている公社債 …課税時期の市場価格 ⓑ 気配値のある公社債 …課税時期の平均値 ⓒ ⓐ、ⓑ以外の公社債 　…発行価額と既経過の償還差益の額の合計額
②利付公社債	上記①の割引発行の公社債と同じ評価方法を適用する。さらに既経過利息の額を加えた金額になる。
③元利均等償還が行われる公社債	定期金（年金）の評価方法を適用する。
④転換社債	以下の種類ごとに、利付公社債に準じた評価を行う。 ⓐ 金融商品取引所に上場されているもの ⓑ 日本証券業協会で店頭転換社債として登録されたもの ⓒ ⓐ、ⓑ以外のもの

差し引いた純資産額をもとに評価する方式
③ ①と②との併用方式
④ 配当還元方式

　受け取る利益の配当金を一定の利率で還元して株価を評価する方式取引相場のない株式の場合は、相続などで株式を取得した株主がその株式を発行した会社の経営支配力を持っている同族株主等か、それ以外の株主かの違いによって、それぞれ原則的評価方法または特例的な評価方式（配当還元方式）で評価します。

　原則的には、会社の従業員数・総資産価額および売上高により大会社・中会社・小会社の３つに区分し、大会社は類似業種比準方式、小会社は純資産価額方式、中会社は類似業種比準方式と純資産価額方式との併用により評価します。

　なお、特例的な評価方式として、配当還元方式で評価する場合もあります。同族株主のいる会社では、ⓐ同族株主以外の株主の取得した株式、ⓑ中心的な同族株主以外の同族株主で、その者の取得した株式です。一方、同族株主のいない会社では、ⓒ株主の１人およびその同族関係者の議決権割合の合計が15％未満である場合に、その株主が取得した株式、ⓓ中心的な株主がおり、議決権割合が15％以上のグループに属し、かつ、その者の議決権割合が５％未満である者の取得した株式です。なお、たとえば休業中の会社など特定の会社に区分された場合の株式評価は、純資産評価方式で算定します。

● 公社債の評価方法

　公社債とは、一般投資家から資金を調達するために国や地方公共団体、会社が発行する有価証券です。公社債を評価するときは、「割引発行の公社債」「利付公社債」「元利均等償還が行われる公社債」「転換社債」の４つに区分して評価します（前ページ図参照）。

　なお、公社債は、銘柄ごとに券面額100円当たりの単位で評価します。

金銭債権の取扱いとその他の財産の評価方法について知っておこう

預貯金、定期金、家財道具などの評価が問題になる

● 金銭債権・現金・株の取扱い

　金銭債権とは、銀行預金や貸金などのことです。金銭債権は数字で客観的に算定して分割できる性質のもの（分割債権）ですから、従来は、相続分が決まっていればそのまま分割すればよく、分割協議の必要はありませんでした。しかし、平成28年12月に最高裁が従来の判例を変更し、預金債権については遺産分割の対象となると判示したことから、遺産分割前は各相続人が単独で預金の払い戻しを請求することができなくなりました。ただ、遺産分割が成立しない限り、被相続人の預金が一切引き出せないとすれば、残された遺族に困難を強いる危険性があります。そこで改正法では、葬儀費用や当面の生活資金に充てることができるよう、預貯金の仮払い制度が新設されています（119ページ）。

　売掛金や貸金、賃料債権などの預貯金以外の金銭債権については従来通り、遺産分割の対象とはならないため、各相続人は法定相続分に応じて権利を行使することができます。なお、相続人全員が合意すれば、これらの金銭債権も遺産分割の対象とすることができます。

　これに対し、現金は、法律上、債権ではなく動産と解されているため、売掛金債権のように相続開始により当然に相続人がその法定相続分に応じて取得できるわけではなく、遺産分割の対象とされます。

　現金は相続開始時の残額が評価額となり、相続税の対象となります。タンス預金など高額の現金が見つかることも少なくありません。また現金の相続では、相続税の申告においてあえて現金を申告しないというケースもよく耳にします。しかし、税務署は被相続人の年収を把握

していることから現金を隠しても、申告された相続税額と税務署が把握している故人の所得との間に隔たりがあれば税務調査により、隠ぺいが発覚する可能性があります。現金の隠ぺいが発覚すればペナルティを科せられることになりますので十分に注意してください。

● 預貯金は区分して評価する

　普通預貯金は、相続開始日の残高がそのまま相続税の評価額になります。また、定期性の預貯金は、利率が普通預貯金より高いので、源泉所得税相当額を既経過利息の額から差し引いた額に、残高を加えて評価額を算定します。

● 債権の評価方法

　相続税においては、貸し付けた金銭債権等については、返済される予定である元本の価額と、それに対する利息との合計金額が評価額になります。受取手形の場合は、期日の到来が被相続人の亡くなった日から6か月以内であれば、額面どおりの評価額になります。期日が6か月より先であれば、銀行で割り引いた回収金額が評価額になります。

　ただし、たとえば貸し付けた相手先が破産した場合など、一定の理由により債権の回収が不可能または著しく困難であると見込まれる場合には、回収できない部分の金額は、評価額に算入しません。

● 定期金（年金）の評価方法

　生命保険会社の個人年金などの定期金給付契約をしていた被保険者が死亡した場合、その定期金はみなし相続財産になります。

　定期金の種類としては、死亡するまで給付を受けられる終身定期金、給付期間が決まっている有期定期金、給付期間が決まっていない無期定期金などがあります。評価方法は以下のようになります。

① すでに年金の給付を受けている場合は、ⓐ解約返戻金相当額、ⓑ

定期金に代えて一時金の給付を受けることができる場合には、その一時金に相当する額、ⓒ予定利率等をもとに算出した金額、の評価方法の中で最も多い金額を採用します。
② 給付をまだ受ける権利が発生していない場合は原則として解約返戻金相当額となります。

家財道具の評価方法

家財道具は、調達価額を評価額とします。調達価額とは、相続開始時に、中古品としてそれと同等品を購入した場合の価格のことです。なお、調達価格がわからない場合は、新品の小売価格から使用年数に応じた定率法（毎年一定割合で償却する方法）を用いて算出します。

特許権・営業権などの評価方法

特許権は、この権利を持っていることで将来受けることができる補償金の額の一定割合と、特許権の存続期間から評価します。また、「のれん」といわれる事業の継続に必要な信用も営業権として評価の対象になります。営業権は、超過利益金額に営業権の持続年数に応ずる基準年利率による複利年金現価率を乗じて評価します。

■ 金銭債権の相続

金銭債権・現金の取り扱い

遺産分割の対象となるもの

・預金債権

・現金

遺産分割の対象とならないもの
（相続開始により、当然に分割承継されるもの）

・売掛金債権
・賃料債権　｝預貯金以外の金銭債権
・貸金債権

系譜・墳墓・祭具・遺骸・遺骨や形見の取扱いについて知っておこう

実情に応じて話し合いで現実的な対応をする

● 系譜・墳墓・祭具の承継はどうする

　祖先から受け継いでいた系譜・墳墓・祭具などの遺産は、財産的な意味がほとんどなく、遺産分割の対象になりません。祭具等については、一般に長子や配偶者が承継する場合が多く、地域ごとの慣習などが考慮されることになっています。こうしたものの承継者は、被相続人が指定することになっていますが、指定は遺言によらなくてもかまいません。指定がないときは、相続人の協議によりますが、慣習が不明などの理由で決まらないときは、家庭裁判所に決めてもらいます。

● 遺骸・遺骨はどうなるのか

　遺骸・遺骨は被相続人の通常の相続財産ではありません。裁判所の判例では、遺骸・遺骨は社会的に特殊な扱いを受け、埋葬・管理・祭祀・供養のために祭祀主宰者が所有権をもつものとされています。なお、被相続人には祭祀主宰者を指定する権利がありますから、指定がある場合はそれに従います。

●「形見分け」の品は相続財産か

　故人の遺品を遺族などで分ける「形見分け」という儀礼的慣習があります。形見も遺産の分割に入りますが、慣習上容認される程度のものであれば、分割の対象外になることもあります。通常は故人が身につけた時計やアクセサリーなどが形見分けの対象で、相続争いの対象にするほどの経済的価値がないものが対象になります。宝石などは、遺産分割の対象となるものです。なお、相続放棄を検討している場合

は、経済的な価値のあるものを形見分けとする行為は「相続財産の処分行為」とみなされ、相続放棄が認められない可能性がありますので、注意が必要です。

● 葬式費用の負担割合

葬式費用は被相続人の死後の費用ですから、遺産ではありませんので、葬儀の主催者が負担します。しかし、相続人間で話し合って、相続人間で負担し合うケースも多くあります。

あくまで一般論ですが、相続人が負担し合うことにした場合は、まず、香典から費用を出し、足りないときは相続財産から法定相続人の相続割合に応じて負担するということが多いようです。香典は、葬式のために遺族にかかる金銭面での負担を周囲の人々が軽くしてあげようという気持ちで行う贈与です。厳密にいえば、受贈するのは喪主ということになりますので、喪主が独り占めしても法的には文句は言えません。しかし、香典のもともとの意味を考えた場合には、まず、葬式費用は香典から出すことが一番、合理的ではないかと考えられます。

■ 祭祀財産承継者の決定方法

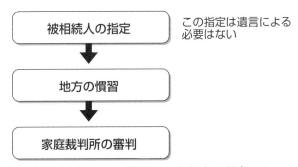

※承継者は第1に被相続人の指定により決まり、被相続人の指定がない場合には第2にその地方の慣習により、慣習も明らかでない場合には第3に家庭裁判所の審判によって定まる。

相続税・贈与税のしくみについて知っておこう

相続税は所得税の補完税といわれている

● 相続税はなぜ課税されるのか

相続税は、所得税を補完するために設けられています。死亡した人の残した財産は、その死亡した人の個人の所得からなっている部分については、生前に所得税が課税されています。しかし、その財産の中には所得税が課税されていないものも含まれています。そこで、死亡した時点におけるその人の財産について、所得税を補完する形で相続税が課税されるのです。

相続税は、死亡した人の財産（相続財産）を相続・遺贈によって受け継いだ人に対して課される税金です。相続税は所得税や法人税と同じ国税です。相続税は申告納税方式をとっていますので、遺産を相続した相続人が自分で相続財産の価格と、これにかかる税額を計算し、納税することになっています。

相続税法では、民法上の法定相続人の考え方を用いて相続税の計算を行います。ただし、ⓐ相続を放棄した人がいたとしても、その放棄がなかったものとして法定相続人の数に含まれる、ⓑ養子がいる場合、法定相続人としての養子の人数は、実子がいる場合は1人、実子がいない場合は2人までに制限する、という点が相続税法の特徴です。

● 贈与税はなぜ課税されるのか

贈与税は相続税の補完税といわれています。「相続税が課税されるくらいなら、相続する前に相続人予定者に財産を分けておこう」とは、誰もが考えることです。

しかし、これでは、贈与した人としなかった人の間に不公平が生じ

ます。そこで、贈与が発生したときに課税する贈与税を設けて、相続税を補完する税としたわけです。このため、贈与税の税率は相続税の税率より高くなっています。

このように贈与税は、相続税逃れを防止し、不公平を是正して相続税本来の目的である富の再分配を行うことを目的とした税金です。

よく、子ども名義の預金通帳を作って贈与しようとする場合があります。しかし、後になって税務署に子どもの名義を借りて貯金しているだけであると贈与が否認（認められないこと）され、相続財産として相続税の対象となってしまうことがあります。

贈与とは、自己の財産を無償で相手方に与える意思表示を行い、相手方がこれを受諾することによって成立する契約です。契約自体は口頭でも成立しますが、後々の税務上のトラブルを避けるには、親子間であっても贈与するたびに契約書を作成しておくことが大切です。贈与した以上は、その財産は子どものものになるわけですから、通帳や印鑑、キャッシュカードは子ども自身が管理するようにします。

相続税・贈与税の税率は次ページのとおりです。

■ 贈与税のしくみと相続税との関係

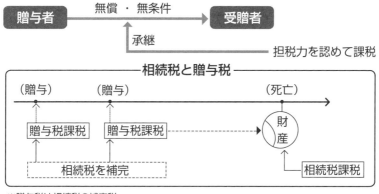

※贈与税は相続税の補完税

■ 相続税の税額表（速算表）

基礎控除後の課税価格	税率	控除額
1000万円以下	10%	なし
1000万円超　3000万円以下	15%	50万円
3000万円超　5000万円以下	20%	200万円
5000万円超　1億円以下	30%	700万円
1億円超　2億円以下	40%	1700万円
2億円超　3億円以下	45%(40%)	2700万円(1700万円)
3億円超　6億円以下	50%	4200万円(4700万円)
6億円超	55%(50%)	7200万円(4700万円)

（　）は平成26年12月31日以前の相続・遺贈について適用

■ 贈与税の税額表（速算表）

● 20歳以上で直系尊属からの贈与

基礎控除後の課税価格	税率	控除額
200万円以下	10%	なし
200万円超　　400万円以下	15%	10万円
400万円超　　600万円以下	20%	30万円
600万円超　　1000万円以下	30%	90万円
1000万円超　1500万円以下	40%	190万円
1500万円超　3000万円以下	45%	265万円
3000万円超　4500万円以下	50%	415万円
4500万円超	55%	640万円

● 上表以外の場合の贈与

基礎控除後の課税価格	税率	控除額
200万円以下	10%	なし
200万円超　　300万円以下	15%	10万円
300万円超　　400万円以下	20%	25万円
400万円超　　600万円以下	30%	65万円
600万円超　　1000万円以下	40%	125万円
1000万円超　1500万円以下	45%	175万円
1500万円超　3000万円以下	50%	250万円
3000万円超	55%	400万円

相続時精算課税制度とはどんな制度なのか

贈与税と相続税を一体化して捉える制度

◉ 相続時精算課税制度とは

　贈与税の課税制度には、「暦年課税制度」と「相続時精算課税制度」があります。**暦年課税制度**とは、1月1日から12月31日までの1年間に贈与を受けた財産の合計額から、基礎控除の110万円を控除した残額に課税する制度です。一方、**相続時精算課税制度**は、生前贈与による資産の移転を円滑にすることを目的として、平成15年の税制改正で創設された制度です。この制度は、贈与時に贈与財産に対する贈与税を納め、その贈与者の死亡時に、贈与財産の価額と相続財産の価額の合計額をもとに計算した相続税額から、すでに納めた贈与税相当額を控除するものです。つまり、贈与税と相続税の一体化です。

　なお、一度この制度を選択すると、その後同じ贈与者からの贈与について「暦年課税」を選択できなくなってしまうので注意が必要です。

◉ 相続時精算課税を選択するには

　相続時精算課税制度においては、贈与を受ける財産の種類や金額、贈与回数に制限はありません。しかし、この制度は「高齢者が保有している資産を利用することで、経済の活性化を図ること」などの目的で導入されたものです。そのため、相続時精算課税制度を選択する場合には、次の条件を満たす必要があります。

① 贈与者がその年の1月1日において60歳以上の親、または祖父母である。
② 受贈者がその年の1月1日において20歳以上であり、かつ、贈与者の推定相続人である子どももしくは孫である。

◎ 相続時精算課税の税額計算

　相続時精算課税の適用を受ける贈与財産については、他の贈与者からの贈与財産と区分して、選択した年以後の各年におけるその贈与者からの贈与財産の価額の合計額をもとに贈与税額を求めます。

　贈与税の額は、贈与財産の課税価格の合計額から特別控除額2500万円を控除した後の金額に、一律20％の税率を掛けて算出します。この非課税枠2500万円は、たとえば、ある年に2000万円、翌年に500万円贈与を受けるという形でもかまいません。ただし、相続時精算課税の適用を受ける場合には、基礎控除額110万円は控除できません。

　また、相続時精算課税は、贈与者ごとに制度の利用を選択することが可能です。たとえば、贈与者Aに対して相続時精算課税を選択した受贈者が、贈与者Bから贈与を受けた財産については暦年課税を選択できます。その場合には、贈与者Bから一年間にもらった贈与財産の価額の合計額から基礎控除額110万円を控除し、贈与税の速算表（216ページ）に定める税率を乗じて贈与税額を計算します。

　なお、相続時精算課税を選択しようとする受贈者は、対象となる最初の贈与を受けた年の翌年2月1日から3月15日までの間（贈与税の申告期限）に税務署長に対して「相続時精算課税選択届出書」を提出しなければなりません。また、相続時精算課税は、直系尊属から住宅

■ 暦年贈与課税制度と相続時精算課税制度は選択制

※相続時精算課税制度の2500万円の非課税枠を一度利用してしまうと、同じ人（親あるいは祖父母）からの贈与については暦年贈与課税制度の年間110万円の非課税枠は利用できなくなるため、注意すること

取得等資金の贈与を受けた場合の非課税制度と併用することができます。直系尊属から住宅取得等資金の贈与を受けた場合の非課税制度とは、平成33年（2021年）12月31日までの間に父母や祖父母など直系尊属から住宅購入資金の提供を受けた場合に、非課税限度額まで贈与税を非課税とする制度です。たとえば、平成30年3月に父から5000万円の住宅（省エネなど良質な住宅）取得資金の贈与を受けた場合、5000万円のうち1200万円が非課税金額、2500万円が相続時精算課税の特別控除額となることから、贈与税の課税価格は1300万円となり、贈与税は260万円となります。

なお、相続時精算課税を利用して納付した贈与税額は、相続税の計算の際に控除します。控除の結果、相続時精算課税による贈与税が全額控除しきれずに相続税額がマイナスになる場合には、その控除不足額は還付を受けることになります。

● 制度選択時の注意点

相続時精算課税制度を利用する場合の注意点としては、まず、遺留分を考慮するという点があります。

民法では、相続開始前1年以内の贈与財産は、遺留分減殺請求（改正後は遺留分侵害請求）の対象となります。したがって、相続時精算課税制度により生前贈与を行う場合には、遺留分を考慮した上で行う必要があります。これは、相続税がかからない場合でも同様です。

■ 相続時精算課税制度

贈与を受けた財産の合計額 － 特別控除額（2,500万円） ＝ 課税価格

課税価格 × 一律20% ＝ 贈与税額

※ 平成33年12月31日までに家屋を取得する契約を締結した場合、要件に応じて300万円〜3000万円の非課税枠がある。

また、相続時精算課税制度については、相続開始後、他の共同相続人等に、税務署に対する生前贈与財産の申告内容（贈与税の課税価格合計額）の開示請求が認められています。つまり、被相続人と特定相続人の間での贈与について、他の共同相続人に知られてしまう可能性があるため、他の共同相続人が遺留分減殺請求（改正後は遺留分侵害額請求）を提訴することも考えられます。仮に遺留分減殺（侵害）にまで至らなくても、遺産分割協議が難航する可能性は十分あります。

　さらに、贈与を受けた人が贈与者よりも先に死亡したときは、死亡した人の相続人が相続時精算課税制度に係る納税の義務を負うという点にも気をつけなければなりません。たとえば、父親から子どもへ相続時精算課税制度を活用した贈与が行われた後、父親よりも子どもが先に死んでしまった場合、子どもの財産は、その配偶者（つまり、子どもの夫または妻）と子（贈与者の孫）に相続されます。

　一方、その後に父親が死亡した際には、子どもの配偶者は父親の法定相続人ではありませんから、遺言がない限り、父親の財産を相続することはありません。ただ、この場合、配偶者は何も財産を相続しなくても、すでに死亡した自分の配偶者から相続した財産分の相続時精算課税に係る納税義務をそのまま承継し、税金を支払わなければなりません。

● 小規模宅地等の特例との併用の可否

　事業用地や居住用の宅地は、相続開始時において200〜400㎡の部分について、その宅地の課税価格の5割または8割の評価減ができる小規模宅地等の特例があります。この特例はその宅地を相続または遺贈により取得した者が適用を受けることができる制度ですから、生前贈与財産については適用できません。将来、相続税の申告において、小規模宅地等の特例を適用したい財産については、相続時精算課税制度の適用は避けるべきです。

相続税額の計算を見てみよう

相続税の計算は３段階で行う

● 相続税と基礎控除額

　遺産総額が一定額（基礎控除額）より少なければ、相続税を納める必要はありませんが、基礎控除額を超える場合には申告して納税しなければなりません。**基礎控除額**とは、すべての相続人に認められている相続税が課されない金額のことです。

　平成27年以後に被相続人が亡くなった場合、相続税の基礎控除額は、「3000万円＋法定相続人の数×600万円」です。平成26年以前は「5000万円＋法定相続人の数×1000万円」が基礎控除額でしたが、平成25年度の税制改正により基礎控除額が引き下げられましたので、相続税の対象となる件数が増加することになります。

　基礎控除額の具体的な計算方法を見ていきます。たとえば、夫・妻・子どもの３人家族で、夫が死亡した場合、妻と子どもの２人が相続人になります。3000万円＋600万円×相続人２人という計算により、4200万円が基礎控除の対象となります。

● どのように計算するのか

　相続税の計算は、①相続財産の総額をだす、②課税遺産額を算出する、③相続税の総額を算定する、④各相続人の納付額を計算するという４つのステップを踏むことになります。

　まず、相続税の対象となる財産の総額を計算します。具体的には、各相続財産の評価額に、生命保険金などのみなし財産と、一定の贈与財産を加え、非課税財産と相続債務、葬式費用を差し引きます（227ページ図）。

このように計算した相続税の課税対象財産の総額から、基礎控除額（3000万円＋法定相続人の数×600万円）を差し引いた額が課税遺産額になります。課税遺産額がゼロであれば相続税はかかりません。

次に、課税遺産額をもとに各法定相続人の遺産相続金額を計算します。この時に、法定相続人は法定相続分どおりに課税遺産額を取得したものとして計算します。この各遺産相続金額に相続税率（216ページ）を掛けて仮の相続税額を求め、すべての相続人の相続税額を合算します。

この相続税の総額を、実際に相続人が取得した財産額に応じて按分します。このとき各種税額控除（230ページ）の適用を受ける人はその分を差し引き、また2割加算を受ける人はそれを加算した額が各相続人の納付額となります。

■ 平成25年度税制改正による基礎控除額の引下げ

夫・妻・子の3人家族で夫が死亡した場合
遺産総額を1億円とする

● 改正前

5000万円＋1000万円×2（妻と子）=7000万円	3000万円
基礎控除額	

● 平成27年1月以降

3000万円＋600万円×2（妻と子）=4200万円	5800万円
基礎控除額	

 基礎控除額の引下げにより課税対象額が増加することになる
また、課税の対象者が拡大される

14 生命保険金は相続税の対象になるのか

生命保険の非課税枠は相続人1人あたり500万円である

● 生命保険金も課税対象になる

　生命保険金は、とくに指定がなければ保険契約者が保険金受取人になります。被相続人が保険契約者でなくても、保険金受取人に指定されていれば、保険請求権は遺産となり、遺産分割の対象になります。

　被相続人が保険金の受取人として特定の人を指定していた場合、その人に保険金請求権があります。相続人を受取人として指定していた場合は、保険金請求権は相続財産ではなく、その相続人が直接権利を得るというのが判例です。

　生命保険の保険金を受け取った場合には、所得税、相続税、贈与税のうちいずれかの税の課税対象とされます。

① **保険料負担者が被相続人本人の場合**

　相続税が課税されます。被相続人の死亡により受け取った生命保険金については、本来の相続財産ではありませんが、被相続人が負担した保険料に対応する部分については、「みなし相続財産」として、相続税の課税対象になります。ただし、非課税控除の適用があります。「500万円×法定相続人の数」までの金額については、相続税が非課税となります。

② **保険料負担者が被相続人以外の場合で、保険料負担者が保険金受取人と同一人であるとき**

　所得税が課税されます。一時金として受け取ると一時所得になります。この場合、受け取った保険金から払込保険料総額を差し引き、ここから50万円を控除した金額の2分の1が一時所得の金額となります。

③ **保険料負担者が被相続人以外の場合で、保険料負担者が保険金受**

取人と異なるとき

保険金の受取人が保険料負担者から贈与を受けたとして贈与税が課税されます。受け取った保険金額はそのまま贈与税の対象となります。

■ 保険契約者、被保険者、保険金受取人と税金

保険契約者 (保険料負担者)	被保険者	保険金受取人	課税
夫	夫	妻	相続税
夫	妻	夫	所得税
夫	子ども	妻	贈与税

生命保険と相続税･･･保険料負担者が被相続人本人の場合、保険金受取人に相続税が課税される

500万円×法定相続人の数＝非課税

生命保険と所得税･･･保険料負担者が被相続人以外の場合、保険料負担者が保険金受取人と同一人であるときは所得税が課税される

(受取保険金－払込保険料－50万円)×$\frac{1}{2}$
＝課税される金額

生命保険と贈与税･･･保険料負担者が被相続人以外の場合、保険料負担者が保険金受取人と異なるときは保険金受取人に贈与税が課税される

110万円の基礎控除額がある

弔慰金・死亡退職金は相続税の対象になるのか

過大な弔慰金には相続税が課税される

● 弔慰金は相続税の対象になるのか

　葬儀の際に遺族が受け取った香典は税金の対象にはなりません。また、被相続人の死亡によって受け取る弔慰金や花輪代、葬祭料などについては、通常相続税の対象になることはありません。ただし、被相続人の雇用主などから弔慰金などの名目で受け取った金銭などのうち、実質上、退職手当等に相当すると認められる部分は相続税の対象になります。

　具体的には、被相続人の死亡が業務上による場合は、被相続人の死亡当時の普通給与の3年分に相当する額を超える部分は相続税の対象になります。また、被相続人の死亡が業務上の死亡でない場合には、被相続人の死亡当時の普通給与の半年分に相当する額までは弔慰金にあたる金額として相続税は課税されません。しかし、その金額を超える部分は、退職手当等として相続税の対象になります。

● 死亡退職金には相続税が課される

　被相続人の死亡によって遺族が被相続人に支給されるべきであった退職手当金や功労金など（退職手当等）を受け取る場合で、被相続人の死亡後3年以内に支給が確定したものは、相続財産とみなされて相続税の対象になります。それ以後に支給された退職手当等については、相続税ではなく、受け取った人の一時所得として受け取った退職金をもとに計算した金額の2分の1に対して、所得税が課税されます。

　なお、平成24年度の税制改正により、平成25年以降に勤務年数が5年以下の一定の役員が受け取った退職金については、この2分の1課

税制度が廃止されています（該当者については税額が増加することになります）。

● 退職手当等と非課税限度額

相続人が受け取った退職手当等は、その全額が相続税の対象となるわけではありません。すべての相続人が受け取った退職手当等を合計した額が非課税限度額以下であれば、相続税は課税されません。500万円×法定相続人の数の額までが非課税限度額となります。たとえば、相続人が子ども2人の場合は1000万円までは非課税となります。相続を放棄した人がいた場合でも法定相続人の数には含まれるので、含んだ人数で非課税限度額を計算します。

すべての相続人が受け取った退職手当等の合計額が非課税限度額を超える場合には、その非課税限度額を各相続人が受け取った退職手当等の金額の割合で按分した額がそれぞれの相続人の非課税限度額になります。

■ 香典・弔慰金・死亡退職金の取扱い

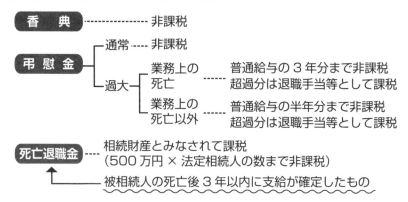

16 課税価格の計算方法について知っておこう

非課税となる財産もある

● 相続税の課税対象財産とは

　相続税の対象となる財産には、①相続、遺贈、死因贈与のいずれかによって取得した「本来の相続財産」と、②相続財産ではないが相続税の規定により「みなし財産」とされるもの、の2種類があります。まず、各相続人が相続した財産の評価額を計算し、課税の対象となる財産の合計額となる「課税価格」を求めます。

　ところで、国外にある財産を相続した場合についてですが、相続人の住所が海外であっても、贈与税と同様に一定の要件を満たせば相続税の対象となります。つまり、①相続人の国籍を問わずに、被相続人が日本国内に住所がある場合、②相続人及び被相続人の国籍を問わずに、被相続人が日本国内に住所がないが、相続開始前10年以内に日本国内に住んだことがあった場合、③相続人の国籍が日本にあり、相続開始前10年以内に日本国内に住んだことがあって、被相続人が次のいずれかの場合です。

ⓐ　国籍を問わず、過去15年以内において日本国内に住所を有していた期間の合計が10年以下の者（一時的住所）、または相続開始前10

■ 相続税の課税価格の計算方法

課税価格 ＝ 本来の相続財産 ＋ みなし相続財産 ＋
　　　　　　相続開始前3年以内の通常の贈与財産 ＋
　　　　　　相続時精算課税の適用を受けた贈与財産 －
　　　　　　非課税財産 － 債務 － 葬式費用

第6章　相続財産の評価と相続税の知識

年以内に日本国内に住んだことがない者
ⓑ 外国籍の者で、相続開始前10年以内に日本国内に住所を有したことがあり、かつ過去15年以内において日本国内に住所を有していた期間の合計が10年以下の者（短期滞在の外国人）

平成30年度税制改正により、高度な外国人材の受入れと長期滞在の促進等の観点から、平成30年4月1日以後に外国人が出国後に行った相続については、原則として国外財産の相続税が非課税となりました。

◉ 非課税財産とは

相続税の計算において、公共性や社会政策的見地などにより非課税財産となるものには、主に次のようなものがあります。なお、前述した生命保険金及び死亡退職金の非課税枠も非課税財産に含まれます。
・墓地、霊びょう、仏壇、仏具など
・一定の要件に該当する公益事業者が取得した公益事業用財産
・心身障害者扶養共済制度に基づく給付金の受給権
・相続財産を国や特定の公益法人などに寄附した場合の寄附財産

◉ 財産を取得した人と債務の引き継ぎ

財産を取得した人が債務を引き継いだ場合は、相続したプラスの財産（預金や有価証券、不動産など）から債務を引いた残りが相続税の課税対象となります。相続の際には、プラスの財産も債務も一緒に相続しなければならないのが原則ですが、相続税はあくまで実質の相続財産に対して課税されるのです。

相続財産から引くことができる債務は、相続開始時点で確定していなければなりません。ただ、被相続人が納付すべきだった税金をその死亡によって相続人が納付することになった場合、被相続人が死亡した際に確定していなかったとしても、被相続人の債務としてプラスの相続財産から差し引くことができます。ただし、墓地購入の未払金、

保証債務、団体信用保険付のローン、遺言執行費用、相続に関係する弁護士や税理士の費用などは債務として差し引くことはできません。

● 相続財産を寄附した場合の取扱い

相続した財産を自己の保有財産とせずに、特定の団体などに寄附することもあります。このように、自己の手元に財産が残らないようなケースでも原則どおりの方法で相続税額を算定するのでしょうか。

相続により財産を取得した場合、原則として取得後の用途を問わず相続税が課せられます。ただし、相続した財産を国や地方公共団体または特定の公益を目的とする事業を行う特定の法人など（以下「特定の公益法人等」）に寄附した場合、以下のすべての要件を満たすと寄附をした財産は相続税の対象外になります。

① 寄附した財産が相続や遺贈によってもらった財産であること
② 相続財産を相続税の申告書の提出期限までに寄附すること
③ 寄附した先が国や地方公共団体または教育や科学の振興などに貢献することが著しいと認められる公益目的の法人であること

なお、特定の公益法人等への寄附についてですが、特例が適用できない場合もあるので少し注意が必要です。たとえば寄附をしたお金が公益を目的とする事業に使われていない場合や、特定の公益法人等に寄附をすることで、寄附をした人やその親族が特別の利益を受けている場合などがこれに該当します。一方、寄附をした相手先が一般の企業のようなケースでは、上記③を満たしていないことになるため、寄附した財産は相続税の対象になります。

また、①寄附を受けた公益法人等が、寄附を受けた日から2年を経過した日において、その財産を、公益を目的とした事業に使っていない場合や、②寄附した人や、その親族などの相続税または贈与税の負担が結果的に不当に減少した場合には、特例は適用できませんので注意が必要です。

相続税の税額控除にはどんなものがあるのか

6種類の税額控除により税負担の軽減を図っている

● 税額控除とは

　相続税では、相続や遺贈で財産を取得した人の個別的な事情などを考慮して、6種類の**税額控除**を設けて税負担の軽減を図っています。

　6種類の税額控除とは、①贈与税額控除、②配偶者の税額軽減、③未成年者控除、④障害者控除、⑤相次相続控除、⑥外国税額控除です。また、これらを控除する順番も①～⑥の順で行います。なお、相続時精算課税の適用を受けて納めた贈与税は、これら6種類の税額控除の計算の後で、精算する（相続税額から控除する）ことになります。

・贈与税額控除

　相続開始前3年以内に贈与があり、課税価格に加算した人は、その贈与税相当額が控除されます。また、贈与の際に支払った贈与税額はこの控除で相殺することができます。

・配偶者の税額軽減

　遺産分割が確定し、申告書にその旨を記載していることを要件として、配偶者には特別控除があります。なお、この配偶者の税額軽減を利用できるのは被相続人の戸籍上の配偶者だけです。内縁関係にある配偶者には適用されません。具体的には、取得相続財産のうち法定相続分以下の額か、1億6000万円までの額のうち、どちらか大きい額に相当する税額までが控除額になります。取得財産がこの範囲内であれば無税です。この場合でも、相続税の申告書は提出する必要があります。また、申告期限までに遺産相続協議がまとまらない場合には、申告期限までに所轄の税務署長に遺産分割ができない理由を届け出ます。

　これが認められた場合に限って、3年間、配偶者の特別控除の適用

を延長することができます。

・未成年者控除

　法定相続人が未成年者であるときは、未成年者控除が適用されます。控除額は、満20歳になるまでの年数に10万円を乗じた金額です。

　この場合の年数に１年未満の端数があるときは１年に切り上げます。たとえば、相続人の年齢が17歳8か月であれば10万円×３年（残り２年４か月を切り上げ）＝30万円が控除額になります。

　未成年者控除額が、その未成年者本人の相続税額を超える場合は、その控除不足額をその未成年者の扶養義務者の相続税額から差し引きます。なお、法定相続人であることが条件ですが、代襲相続人となった孫やおい、めいなどは控除の対象になります。

・障害者控除

　法定相続人が障害者であるときは、障害者控除が適用されます。控除額は、満85歳になるまでの年数に10万円（特別障害者は20万円）を乗じた金額です。年数の端数及び控除不足額が生じたときの取扱いは、未成年者控除の場合と同様です。

・相次相続控除

　短期間に相次いで相続が発生すると、相続税が大きな負担になりま

■ 相続人と相続税の２割加算

相続人が ・配偶者　・子 ・父母		各相続人の税額から税額控除を差し引く
相続人が ・祖父母 ・兄弟姉妹 ・おい・めいなど 　（配偶者と１等親 　の血族以外の者）		各相続人の税額に２割加算した金額から税額控除を差し引く

す。そのような事態を避けるために設けられたのが「相次相続控除」です。10年以内に2回以上相続があった場合は、最初の相続の相続税のうち一定の金額を、2回目の相続の相続税から控除できます。

・外国税額控除

相続財産の中に外国の財産があったときは、相続人が日本在住の場合、日本の相続税がかかり、その相続財産がある国でも相続税が課せられることがあります。このように二重に課税される事態を避けるために設けられたのが「外国税額控除」です。外国で課せられる税金の分は、日本の相続税額から控除します。

● 納付税額を確定する

222ページで述べた相続税の総額を実際に相続人が取得した財産に応じて按分した額に、各人の事情にあわせて「2割加算」と「税額控除」を行い、算出された額が、それぞれの相続人の最終的な「納付税額」となります。

■ 主な相続税の税額控除の種類

贈与税額控除
相続開始前3年以内に贈与があり、贈与税に加算した場合は、その贈与税相当額が控除される。

配偶者の税額控除
遺産分割が確定して申告書にその旨を記載している配偶者が対象。

未成年者控除 ※
満20歳になるまでの年数×10万円を控除。

障害者控除
85歳になるまでの年数×10万円を控除。

※2018年6月に成立した民法改正（2022年4月施行）により、成人年齢が「18歳」に引き下げられることに伴い、今後年齢の引き下げなどが行われる可能性がある。

18 相続税対策について知っておこう

事前の計画的な相続税対策が非常に重要である

● 相続税対策はどうする

　重要なことは、事前に計画的な対策をとることです。基本的な相続税対策としては、以下の方法が挙げられます。

① **課税財産（プラスの財産）を少なくする**

　これを実現するためには、生前贈与を活用することと、評価額の低い財産に換えることが考えられます。生前贈与とは、被相続人が生きているうちに相続人になると予定される者に財産を移すことです。生前贈与には相続税の減税対策としての効果があります。節税のポイントは、年間1人あたり110万円の贈与税の基礎控除や、期間限定ですが、近年導入された住宅取得等資金（最高3000万円）、教育資金（最高1500万円）、結婚・子育て資金（最高1000万円）の贈与税非課税枠の積極活用です。

　ただし、110万円の贈与税の基礎控除については、毎年決まった時期に基礎控除以下の同じ金額を贈与し続けた場合、最初から毎年の贈与金額の合計額を一括して贈与するつもりだと税務署からみなされてしまう恐れがあります。そう判断されると、多額の贈与税が課されてしまいます。また、贈与を行った場合、税務上、実質的に贈与があったかが問題とされることが多くあります。そこで、贈与の事実を明らかにするために贈与契約書を作成することが有効になります。

　次に、評価額の低い財産に換えるとは、たとえば、現金で1億円もっているより、生前に土地を買っておく方法です。土地に換えることによって、評価額が下がるため相続税が安くなります。同じ土地でも、更地でもっているよりアパートを建てた方が、さらに評価額は下

がり、相続税は安くなります。

② マイナスの財産（借入金）を増やす

これはアパートを建てる際に借金などをしてマイナスの財産を増やすといった方法です。借金は遺産から差し引かれるからです。借金をしても、そのお金を現金で持っているのであれば財産の減少になりませんので、評価額を下げる資産にそれを換えることにより、さらなる節税効果を発揮することができます。

③ 法定相続人を増やす

相続税の基礎控除額は法定相続人が1人増えるごとに600万円増えます。

法定相続人が多くなるほど基礎控除額が増え、課税される遺産額はその分少なくなります。法定相続人を増やす方法としては、被相続人の生前に行われる養子縁組などがあります。

④ 税額控除や特例を活用する

これは配偶者の税額軽減や小規模宅地等の評価の特例を有効に使うということです。

● 現金の相続と不動産の相続

同じ10億円でも不動産で相続した方が現金で贈与するよりも相続税対策になるのは、法律で定められた相続税の算定方法で不動産の価値をお金に換算した場合、時価（つまりこの場合は10億円）よりも低くなるからです。

建物の場合は、固定資産税評価額が課税基準、つまり相続税の課税対象となる値段になります。これは、建築額のおおよそ60％です。つまり、10億円の建物は10億円×0.6＝6億円の評価となり、6億円分の相続税しかかかりません。一方、土地の場合は、路線価や固定資産税評価額をもとに課税基準を算出します。そして、その評価額は実勢価格の70〜80％程度となります。つまり、10億円の実勢価格の土地

は7〜8億円程度と評価され、その分の相続税しかかかりません。また、不動産がアパートなどの収益物件であれば、通常の建物や土地よりもさらに評価額を下げることができ（197ページから199ページ参照）、これを相続時精算課税制度などを利用して贈与することで、一時的に贈与税を低く抑えることができます。

　一方、現金で10億円を相続すれば、そのまま10億円分の相続税がかかってしまうわけですから、当然ながら不動産で相続した方が、節税になるといえるでしょう。ただし、不動産を取得する際には税金や登記費用などのさまざまなコストがかかり、また不動産は現金と比べ分割が容易ではなく換金性も低いため、複数の相続人での共有持分で相続をする場合には、遺産分割や持分の処分等の際に他の相続人との間で争いが生じてしまうこともありますので、コスト面だけでなく後々に財産を引き継ぐ側の各相続人の置かれた状況なども考慮した上での比較検討が必要です。

● 孫への生前贈与と相続税対策

　孫への贈与は相続税の支払回数を削減できるというメリットがあります。親から子、子から孫へと相続する場合、親から子の段階と子から孫への2段階を経るため、相続税を2回支払わなければならないことになります。一方、孫に財産を贈与した場合、孫に贈与税がかかる可能性がありますが、相続税はかかりません。相続税という面からは、一度も相続税を納めることなく親から孫へ財産が渡ることになります。財産の一部を孫に贈与した場合でも、贈与財産分だけ、子どもの相続財産が少なくなり、その分、子どもが支払う相続税を少なくすることができます。

　また、相続開始前の3年以内の贈与は相続税の課税対象になるというルールがありますが、このルールが適用されるのは、あくまで、相続人に贈与した場合ですので、相続人ではない孫への贈与には適用さ

れません。したがって、親が不治の病に倒れるなどの理由で、相続開始前の3年以内の贈与を行った場合でも、孫への贈与であれば、相続税の課税対象に含まれなくなります。孫へ贈与した財産分だけ親から子への相続財産が減りますので、それに伴って子が支払う相続税も少なくてすむことになります。

ただし、このような親から孫への贈与を使う場合は、年間110万円の基礎控除を上手に使えるように計算することが必要です。

◉ 一般社団法人等に関する相続税等の見直し

従来は、個人財産を、株式会社のような株式の持分の概念がない一般社団法人等に移転させて相続税等を節税することが可能でした。しかし、平成30年度税制改正により、一般社団法人等の理事が死亡したことによった発生する相続について、次のいずれかの場合には「特定一般社団法人等」として相続税が課税されるようになりました。
・相続開始直前の総役員数に占める同族役員数の割合が1/2超
・相続開始前5年以内の総役員数に占める同族役員数の割合が1/2超となる期間が合計3年以上

■ 孫への贈与と相続税対策

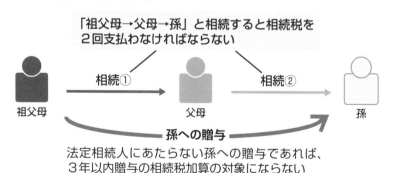

相続税・贈与税の申告方法について知っておこう

相続税も贈与税も申告納税方式による

● 相続税の申告

　相続税の申告をするときは、被相続人が死亡したときの住所地を管轄する税務署に相続税の申告書を提出します。

　相続または遺贈によって取得した財産（死亡前3年以内の贈与財産を含みます）および相続時精算課税の適用を受ける財産の額の合計額が基礎控除額以下のときは、相続税の申告も納税も必要ありません（相続時精算課税を利用したことにより贈与税額を納付しているのであれば、還付を受ける申告をすることもできます）。

　しかし、配偶者に対する相続税額の軽減や小規模宅地等の課税価格の特例は、申告することで初めて適用になります。したがって、これらを適用する場合は相続税がゼロのときでも申告する必要があります。

　相続税の申告期限および納付期限は、相続の開始（被相続人の死亡）を知った日の翌日から10か月以内です。申告期限までに申告しなかったり、実際にもらった財産より少ない額で申告した場合には、罰金的な性格の加算税が課税されます。また、期限までに納めなかったときは、利息にあたる延滞税が課税されます。

　相続税も金銭での一括納付が原則ですが、延納や物納の制度もあります。延納は何年かに分けて納めるもので、物納は相続などでもらった財産そのものを納めるものです。延納、物納を希望する人は、申告書の提出期限までに税務署に申請書を提出して許可を受ける必要があります。もっとも、相続税の申告が終わった後で、相続財産の漏れや計算の間違いに気がつくことがあります。この場合、申告内容を訂正する修正申告が必要です。修正申告には期限はありません。自分で気

がついて修正申告した場合にはペナルティもありません。ただし、税務調査によって相続財産の申告漏れが発覚した場合には、納税額の10％の過少申告加算税と延滞税が課されます。さらに、相続財産の隠ぺいが発覚した場合は、重加算税が課されます。重加算税の税率は、納税額の40％と非常に高くなっています。逆に税金を過大に申告したことに後で気づいた場合には、更正の請求をすることで取り戻すことができます。更正の請求ができるのは、相続税の申告期限から5年以内です。

● 準確定申告とは

　生前、確定申告していた人、あるいは確定申告をする必要があった人が死亡した場合、相続税の申告の他に、相続人は共同で死亡した人の所得の確定申告をしなければなりません。これを**準確定申告**といいます。準確定申告では、1月1日から死亡した日までに確定した所得金額及び税額を算定し、申告期限および納付期限は、相続の開始があったことを知った日の翌日から4か月以内です。

● 贈与税の申告

　贈与税の申告をするときは、贈与した人の住所地ではなく、贈与を受けた人の住所地を管轄する税務署に申告書を提出します。贈与を受けた額が基礎控除額以下であるときは、贈与税の申告は必要ありません。しかし、贈与税の配偶者控除や相続時精算課税制度の適用を受ける場合は贈与税がゼロでも申告する必要があります。

　贈与税の申告期限および納付期限は、贈与を受けた年の翌年の2月1日から3月15日の間です。申告期限までに申告しなかった場合や実際にもらった額より少ない額で申告した場合には、本来の税金以外に罰金的な性格の加算税がかかります。また、納税が期限に遅れた場合は、その遅れた税額に対して利息にあたる延滞税がかかります。贈与税も他の税金と同じく金銭で一時に納めるのが原則です。

贈与税の申告内容の開示請求

相続・遺贈（相続時精算課税の適用を受ける財産に係る贈与を含みます）によって財産を取得した人は、他の共同相続人等（その相続・遺贈によって財産を取得した他の人のこと）がいる場合には、被相続人に係る相続税の期限内申告書、期限後申告書もしくは修正申告書の提出または更正の請求に必要となるときに限って、贈与税の申告内容の開示の請求をすることができます。

■ 相続税・贈与税の申告

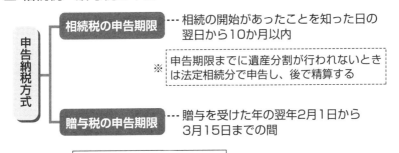

■ 相続のスケジュール

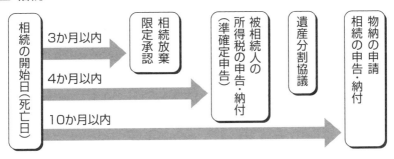

【監修者紹介】
松岡　慶子（まつおか　けいこ）
認定司法書士。大阪府出身。神戸大学発達科学部卒業。専攻は臨床心理学。音楽ライターとして産経新聞やミュージック・マガジン、クロスビート、ＣＤジャーナルなどの音楽専門誌等に執筆経験がある。2013年4月司法書士登録。大阪司法書士会会員、簡裁訴訟代理関係業務認定。大阪市内の司法書士法人で、債務整理、訴訟業務、相続業務に従事した後、2016年に「はる司法書士事務所」を開設。日々依頼者の方にとって最も利益となる方法を模索し、問題解決向けて全力でサポートしている。
監修書に『図解で早わかり　商業登記のしくみ』『図解で早わかり　不動産登記のしくみと手続き』『福祉起業家のためのNPO、一般社団法人、社会福祉法人のしくみと設立登記・運営マニュアル』『入門図解　任意売却と債務整理のしくみと手続き』『不動産業界の法務対策』『最新　金銭貸借・クレジット・ローン・保証の法律とトラブル解決法128』『図解で早わかり民法改正対応！土地・建物の法律と手続き』『内容証明郵便・公正証書・支払督促の手続きと書式サンプル50』（いずれも小社刊）がある。

はる司法書士事務所
大阪府大阪市中央区平野町3-1-7　日宝平野町セントラルビル605号
電話: 06-6226-7906
mail　harulegal@gmail.com
http://harusouzoku.com

すぐに役立つ
最新　入門図解
相続のしくみと手続き

2018年9月30日　第1刷発行

監修者	松岡慶子（まつおかけいこ）
発行者	前田俊秀
発行所	株式会社三修社
	〒150-0001　東京都渋谷区神宮前2-2-22
	TEL　03-3405-4511　FAX　03-3405-4522
	振替　00190-9-72758
	http://www.sanshusha.co.jp
	編集担当　北村英治
印刷所	萩原印刷株式会社
製本所	牧製本印刷株式会社

©2018 K. Matsuoka Printed in Japan
ISBN978-4-384-04794-3 C2032

JCOPY 〈出版者著作権管理機構　委託出版物〉
本書の無断複製は著作権法上での例外を除き禁じられています。複製される場合は、そのつど事前に、出版者著作権管理機構（電話 03-3513-6969　FAX 03-3513-6979　e-mail: info@jcopy.or.jp）の許諾を得てください。